元宇宙 108 问

王鸿宾 • 著

中华工商联合出版社

图书在版编目(CIP)数据

元宇宙108问 / 王鸿宾著. -- 北京：中华工商联合出版社，2022.3

ISBN 978-7-5158-3347-7

Ⅰ.①元… Ⅱ.①王… Ⅲ.①信息经济 Ⅳ.①F49

中国版本图书馆CIP数据核字(2022)第044424号

元宇宙108问

作　　者：	王鸿宾
出 品 人：	李　梁
责任编辑：	胡小英
装帧设计：	回归线视觉传达
责任审读：	李　征
责任印制：	迈致红
出版发行：	中华工商联合出版社有限责任公司
印　　刷：	香河县宏润印刷有限公司
版　　次：	2022年4月第1版
印　　次：	2022年4月第1次印刷
开　　本：	710mm×1000mm　1/16
字　　数：	200千字
印　　张：	13
书　　号：	ISBN 978-7-5158-3347-7
定　　价：	58.00元

服务热线：010—58301130—0（前台）
销售热线：010—58302977（网店部）
　　　　　010—58302166（门店部）
　　　　　010—58302837（馆配部、新媒体部）
　　　　　010—58302813（团购部）
地址邮编：北京市西城区西环广场A座
　　　　　19—20层，100044
http://www.chgslcbs.cn
投稿热线：010—58302907（总编室）
投稿邮箱：1621239583@qq.com

工商联版图书
版权所有　侵权必究

凡本社图书出现印装质量问题，请与印务部联系。
联系电话：010—58302915

前 言

今年投资圈讨论最多的内容就是元宇宙，无论是大型的投资机构还是个人投资者，都在关注元宇宙，元宇宙概念股更是涨势汹涌。那么，到底什么是元宇宙呢？

确切来说，从互联网的发展来看，如果 PC 端互联网是互联网 1.0 时代，移动端互联网是互联网 2.0 时代，那么元宇宙一定是互联网的 3.0 时代。

比如，20 年前，如果说我们的生活离不开互联网，是不是有点天方夜谭，互联网在那时最多也就是个娱乐项目。但是现在，我们的生活的确是处处需要互联网了。

元宇宙现在看似与我们的生活没有很大关系，最多也就是游戏娱乐，但是二十年或五十年后呢？元宇宙会不会也像当初的互联网所发展的那样，与我们的生活息息相关，甚至让人们产生依赖。

2021 年年初，随着"Roblox"（世界最大的多人在线创作游戏）的上市，"元宇宙"（Metaverse）开始进入人们的视野。以此为起点，"元宇宙"概念迅速蹿红。因此，有人将 2021 年称为"元宇宙元年"。

不过，现在人们对元宇宙的认知仅停留在概念层面，仅是基于技术、构想与需求的探索尝试。目前大多数人认为，元宇宙只是一个拥有与现实互通的经济体系的游戏社区。可见，元宇宙被很多人理解为多人开放游戏。但实际上，元宇宙并不仅限于游戏领域，游戏仅是它的冰山一角。

当下，各个国家看待元宇宙的态度不同，这或多或少影响了元宇宙的整体发展速度。在我国，元宇宙的关注度非常高，甚至被引入资本市场爆炒。不过，我国对NFT（非同质化代币）交易的法律性质、交易方式、监督主体、监督方式等都尚未明确，同时，一些其他形式的虚拟资产交易行为在我国及其他很多国家都没有相关法律支持。因此，有关于元宇宙的发展现状，我们不妨冷静处之，对虚拟世界的"泡沫"再多观察观察，这或许会让元宇宙以后的发展更加健康，更加具可持续性。

目录

理念篇

第一章 孕育元宇宙 / 2

1 问：1992 年的《雪崩》讲的是什么？/ 2

2 问：阿凡达和元宇宙有什么关系？/ 6

3 问：开放多人游戏算是元宇宙的前传吗？/ 8

4 问：元宇宙是游戏吗？/ 11

5 问："Second Life"是什么意思？/ 13

6 问：真正的元宇宙产品应该具备什么要素？/ 15

7 问：有没有人类社会虚拟化的临界点？/ 17

8 问：为什么说 2021 年是元宇宙元年？/ 19

第二章 元宇宙是什么 / 21

9 问：Metaverse 是什么？/ 21

10 问：元宇宙是什么？/ 22

11 问：元宇宙不是什么？/ 24

12 问：元宇宙，到底依赖哪些技术？/ 26

13 问：元宇宙关键技术挑战和机会有哪些？/ 29

14 问：区块链和元宇宙有什么关系？ / 32

15 问：元宇宙知识版图包括了什么？ / 34

16 问：为什么需要元宇宙？ / 35

第三章　虚拟与现实的关系 / 38

17 问：为什么 Facebook 要更名？ / 38

18 问：元宇宙将成为移动互联网的继任者是现实吗？ / 39

19 问：Horizon 的社交平台和 Facebook 本质区别在哪儿？ / 41

20 问：我们生活的世界到底是虚拟的还是现实的？ / 43

21 问：虚拟现实补偿论到底是什么？ / 44

22 问：是否存在永恒的创世冲动？ / 46

23 问：人类仿真的阶段处于哪个阶段？ / 47

24 问：综合环境的结构是否有利于元宇宙？ / 49

第四章　元宇宙的理论框架 / 51

25 问：通往元宇宙的路径是沉浸还是叠加？ / 51

26 问：通往元宇宙的路径是渐进还是激进？ / 53

27 问：通往元宇宙的路径是开放还是封闭？ / 54

28 问：元宇宙的物理是否是有选择的解放？ / 56

29 问：元宇宙的地理是否由 AI 生成？ / 57

30 问：元宇宙事理的逻辑关系是什么？ / 58

31 问：元宇宙的心理是认知还是认同？ / 59

32 问：元宇宙是否亟须立法监管？ / 61

33 问：元宇宙的价值到底是什么？ / 62

34 问：元宇宙的价值来源于哪儿？ / 64

35 问：元宇宙如何搭建多维空间？/ 66

第五章　对元宇宙的几点展望 / 69

36 问：为什么说元宇宙是虚拟与现实的全面交织？/ 69

37 问：元宇宙如何加深思维的表象化？/ 71

38 问：元宇宙会不会遭受资本剥削？/ 74

39 问：为什么说元宇宙去中心化机制不等于去中心化结果？/ 75

40 问：元宇宙与国家存在深刻张力的关系吗？/ 77

41 问：元宇宙能否打开巨大的市场空间？/ 79

42 问：元宇宙会不会催生新型社会？/ 80

43 问：元宇宙新型犯罪能否被法律制约？/ 81

44 问：元宇宙的资本家是不是可以"压榨""玩工"？/ 83

产业篇

第六章　元宇宙的技术底座 / 88

45 问：元宇宙的技术底座是什么？/ 88

46 问：元宇宙的通信基础是什么？/ 90

47 问：元宇宙的算力基础是什么？/ 91

48 问：元宇宙的虚实界面都包括什么？/ 92

49 问：元宇宙激活和 VR 内容生态的关联？/ 94

50 问：元宇宙的生成逻辑是什么？/ 95

51 问：元宇宙的世界蓝图是什么？/ 96

52 问：为什么区块链会成为元宇宙的认证机制？/ 97

第七章　元宇宙的产业生态 / 99

53 问：元宇宙生态版图是否逐渐趋成熟？/ 99

54 问：元宇宙支撑技术能否多维拓展？/ 100

55 问：元宇宙产业板块的增长情况如何？/ 101

56 问：元宇宙的梯次产业变革是否顺利？/ 102

57 问：元宇宙有多少个场景入口？/ 104

58 问：前端设备平台都有哪些？/ 105

59 问：物联网在元宇宙中是一个怎样的存在？/ 106

60 问：元宇宙对市场的吸引力是什么？/ 108

61 问：元宇宙的实现到底有多远？/ 109

第八章　中美日韩元宇宙发展现状 / 111

62 问：全球元宇宙公司中比较知名的有哪些？/ 111

63 问：元宇宙厂商的四套叙事是什么？/ 112

64 问：美国元宇宙行业现状如何？/ 113

65 问：我国元宇宙行业现状如何？/ 114

66 问：日本元宇宙行业现状如何？/ 116

67 问：韩国元宇宙行业现状如何？/ 117

第九章　面向企业的元宇宙 / 120

68 问：什么是产业元宇宙？/ 120

69 问：什么是企业元宇宙？/ 122

70 问：产业元宇宙如何实现从虚到实的过程？/ 124

71 问：元宇宙为产业带来怎样的作用？/ 127

72 问：产业元宇宙所需要的基础设施有哪些？/ 128

73 问：AR、VR、MR 有什么异同？/ 130

74 问：元宇宙如何进行互动？/ 132

75 问：真人 IP 和虚拟 IP 之间的关联和区别有哪些？/ 134

76 问：企业元宇宙能够通过虚拟币进行业务吗？/ 135

第十章　元宇宙指数体系 / 137

77 问：元宇宙指数体系是什么？/ 137

78 问：元宇宙行业发展指数是什么？/ 138

79 问：如何看懂元宇宙社会认知指数？/ 139

80 问：如何看懂元宇宙企业发展指数？/ 140

81 问：元宇宙的发展阶段有几个？/ 140

82 问：元宇宙发展曲线规律是什么？/ 142

83 问：元宇宙的指数泡沫体现在哪些方面？/ 143

84 问：如何通过元宇宙指数来判断元宇宙的发展趋势？/ 144

85 问：元宇宙会不会按照产业发展的六阶段进行？/ 146

风险篇

第十一章　元宇宙产业生态系统健康度 / 150

86 问：当前元宇宙产业为什么会处于"亚健康"状态？/ 150

87 问：元宇宙产业发展十大风险是什么？/ 151

88 问：所谓的舆论泡沫风险是什么？/ 155

89 问：为何元宇宙在亚洲国家关注度颇高？/ 156

90 问：关注度与股市波动形成强联动的表现是什么？/ 158

91 问：NFT、XR 为什么会成为元宇宙中高频词的共现词？／160

92 问：为什么八成网民会持中立态度？／162

93 问：主流媒体呼吁理性投资的关键点在哪？／164

第十二章　资本操纵风险／167

94 问：元宇宙所面临的经济风险是什么？／167

95 问：为何元宇宙会带来产业内卷？／169

96 问：元宇宙带给算力的压力有哪些？／171

97 问：伦理制约的意义在哪儿？／172

98 问：元宇宙是否会让投资者沉迷风险？／174

99 问：隐私安全到底该如何保障？／176

100 问：元宇宙中涉及的知识产权问题有哪些？／178

第十三章　发展趋势与展望／180

101 问：巨头入场，元宇宙市场信心驱动有何意义？／180

102 问：元宇宙会改变目前代码开发，提升工作效率吗？／182

103 问：机器智能化之后，元宇宙的你会比现实中的你更懂自己吗？／184

104 问：元宇宙民主化是否能够建立社群、提升价值？／185

105 问：智能穿戴设备铺开元宇宙是否会掀起"控制潮"？／187

106 问：区块链分散式工作是否会引发社会新型工作模式？／190

107 问：多样化元宇宙来了是否会改变所有人的生存模式？／194

108 问：元宇宙的出现是否会引发现实中人们的自我质疑？／196

理念篇

第一章　孕育元宇宙

1问：1992年的《雪崩》讲的是什么？

第一，什么是赛博朋克小说？

"科幻"就不用过多解释，我们来介绍一下"赛博朋克"。赛博朋克，其英文为Cyberpunk，又称作"赛伯朋克"，是"控制论、神经机械学"与"朋克"的结合词。该背景大多用于描绘未来，建立在"低端生活与高等科技结合"的基础上，拥有先进科学技术，再以一定程度被破坏的社会结构做对比。

赛博朋克小说里面常见的元素，有黑客、赛博空间、虚拟现实、人工智能、控制论与电脑生化、都市扩张与贫民窟、大型企业、基因工程、毒品和生化、恐怖主义、霓虹灯、立体城市、红蓝色调、阶层反差、科技顶尖、生物学发达等。

赛博朋克早期，是将小说背景构架在外太空，目前此类小说背景和框架基本上是以权力高度为集中点，比如社会秩序由政府或者是财团、秘密组织等高度控制，而小说中的主角是利用其中漏洞做出了某种突破。总之，赛博朋克类小说就是展现出反差，比如科技高度发展下的人类文明以及人类本身的渺小脆弱，在小说中不再只是血肉之躯，而是拥有钢铁意志，并且融于身体等设定。

第二，尼尔·史蒂芬森所写的《雪崩》到底讲了一个什么故事？

《雪崩》是赛博朋克的代表作，而且因为"元宇宙"的风靡让《雪崩》再次走进大家的视线。

在《雪崩》里，主角 Hiro 的登场方式很魔幻，其是佩戴武士刀送比萨的外卖小哥，他最强的技能就是把送货车开进私人游泳池。在工作之外，也是一位自由黑客和世界上最强的剑斗士。

随着男主角送外卖的过程，整个社会体系和社会秩序陆陆续续展现在读者面前：私人大公司群雄割据，美联邦政府定居在高速公路旁搭建的帐篷里，因政府无能只能将权利、军权外包给各个大公司，整个社会秩序崩塌，混乱且滑稽的未来社会跃然于纸上。

小说里的人物，除了佩戴武士刀送外卖的男主，还有专门用吸盘从汽车上盗窃动能的"滑板客"、随身携带核弹到处与人打架的恐怖分子等。再说女主 Y·T，一个"不良少女"的形象，却是人见人爱的人设。总之，在小说里，一个个活灵活现的角色在故事中穿梭。

整个故事的主线就是，Hiro 遇到了 Y·T，两个人决定合伙进行情报工作。在合作过程中，他们发现了一种名叫"雪崩"的药物，这种药物实际上是一种电脑病毒，这种病毒不仅能在网络上传播，还能在现实生活中扩散，造成系统崩溃和头脑失灵。这种病毒是五旬节教会通过其基础设施和信仰体系进行传播的。在 Hiro 和 Y·T 的深入调查下，他们发现这种病毒与古代苏美尔文化有着千丝万缕的联系。然后，两人找到病毒漏洞对病毒进行截杀，并且挖出幕后人物。

或许很多读者觉得小说整体构架也并没有特别新颖，但是，这本小说是尼尔·史蒂芬森在 1992 年写成的，也就是在台式电脑都很稀有，大家还在报计算机课程学习五笔输入，网络都不发展的年代，史蒂芬森就写出了这部小说。

在 20 世纪九十年代初，《雪崩》就已经把重点放在了网络世界的人物塑造、情节安排，以及更重要的深层次社会思考上，把一个精彩纷呈却又内涵丰富的近未来大战呈现到读者面前。

《雪崩》的标题虽然是小说中电脑病毒的名字，但其实也是"因接收信号微弱而在电视屏幕上出现的白色斑点"。史蒂芬森以简单的视频信号噪音入手，最终建立成了整整一套宏伟的理论，在整个人类社会发展的历史中都埋下了"雪崩"的身影。

在读过小说之后，笔者认为"雪崩"对社会的潜在威胁才是该小说中最值得重视的内容。斯蒂芬森为"雪崩"设计了一整套精细繁复的理论背景，从史前人类进化的历史，到古代文明中的神话传说，一直延伸到了视频媒体渗入每家每户的近未来社会。作者在宣扬一种语言、文化甚至意识都是代码的思想，而这种代码又深藏于每一个细胞之中，遗传信息也是代码。代码与算法之中必然存在漏洞，如果人类意识的基本也是算法的话，存在漏洞或者感染软病毒的潜在可能性就始终存在。

《雪崩》之中描述的未来社会，虽然陷入了几近崩溃的边缘，但是也看到了在这样的环境中奋斗不屈的人类，在混乱的环境中，能坚持自己的原则，活出属于自己的人生，我想这就是小说难能可贵的地方，预言悲观未来的同时，也点燃了每个人心底的希望。

第三，《雪崩》里的"元宇宙"和风口上的"元宇宙"，概念一致吗？

《雪崩》里提到的"元宇宙（Metaverse）"和风口上的"元宇宙"概念实际上并不一致。

作者史蒂芬森（Neal Stephenson）坦言"元宇宙"只是作为小说里面的一个情节设定，小说里有一个完全沉浸式的虚拟环境，为绝望国家里的所有人提供一个机会——短暂逃离无法忍受的现实，"这个虚构之地，就是元宇宙"。

小说中的元宇宙大部分建筑是沿着 The Street 开发的，The Street 是一条长达 65536 公里（2 的 16 次方）的巨型通道，环绕着整个虚拟世界。这个世界的用户可以选择一个头像来代表自己，更高分辨率意味着成本更高，因此，即便在虚拟世界，人们也有了阶层之别。

需要注意的是，在斯蒂芬森的笔下，未来的元宇宙是一个令人上瘾、充斥暴力的地方。

而现在风口上的"元宇宙"概念又是什么呢？

2021 年底，扎克伯格的 Facebook 改名"Meta"并表示要带着"Meta"进入元宇宙新赛道，而让"元宇宙"概念一下火了起来。但实际上，元宇宙概念商业化并非扎克伯格的独创，之前就有一家叫作"Roblox"的公司，其上市当天涨幅达到 45%，市值 400 亿美元，被称为"元宇宙第一股"，显然扎克伯格从中看到了元宇宙与 Facebook 的社交元素可以完美地进行融合。

所以，现在风口上的元宇宙实际上是将元宇宙商业化。不过，目前元宇宙还处于概念阶段，主要停留在虚拟现实游戏的场景之中，这个场景也经常被艺术化地搬上荧幕，具体到商用还遥遥无期。

2问：阿凡达和元宇宙有什么关系？

2009年的一部科幻电影《阿凡达》在2021年重新上映。这部电影跟元宇宙有什么关系呢？其实关系就在于这部电影的名称。《阿凡达》是直译的名字，原名叫"Avatar"，这个词是印度梵语，意思就是天神下凡。

这个词也曾出现在小说《雪崩》中，作者构建了一个平行于现实的网络世界，也就是元宇宙，在元宇宙中，每一个人都有一个属于自己的网络身份，即Avatar。

我们打个比喻，就好像是每一盘菜都有自己的名字，鱼香肉丝、宫保鸡丁、锅包肉……但是它们统一被称之为"荤菜"。在小说里，每一个现实世界的人物在网络世界里都有一个自己的身份，但是他们统一的称呼叫"Avatar"。

那么，阿凡达和元宇宙还有什么关系呢？

我们来看一下这部电影讲述的情节：

故事发生在2154年，故事从地球开始，杰克·萨利是一个双腿瘫痪的前海军陆战队员，他被派遣去潘多拉星球采矿公司工作。

这个星球上有一种别的地方都没有的矿物元素 Unobtanium，这种矿物元素将彻底改变人类的能源产业。但问题是，资源丰富的潘多拉星球并不适合人类生活，这里的空气对人类是致命的，本土的动植物都是凶猛的掠食者，极度危险。

当杰克·萨利到了潘多拉星球，他发现这里的美景简直无法用语言来形容，高达 900 英尺的参天巨树、星罗棋布飘浮在空中的群山、色彩斑斓充满奇特植物的茂密雨林、晚上各种动植物还会发光，这一切就如同梦中的奇幻花园。

很快，他就感受到了这里的危险，一头圣兽与他狭路相逢，在逃命过程中杰克与队友失去了联系，在晚上的时候又被一群土狼袭击，杰克奋起战斗，在整个战斗的过程中杰克寡不敌众，在危急关头，一支箭射死了毒狼，杰克得救了。救他的是 Na'vi 族的公主，杰克从她口中了解到了关于潘多拉星球的更多知识。

虽然潘多拉星球环境严酷，但人类只要戴上空气过滤面罩，就可以裸露皮肤在潘多拉星球上作业。

由于人类即使学会 Na'vi 语也无法和 Na'vi 人直接交流，于是科学家们转向了克隆技术：他们将人类的 DNA 和 Na'vi 人的 DNA 结合在一起，制造了一个克隆 Na'vi 人，这个克隆 Na'vi 人可以让人类的意识进驻其中，成为人类在这个星球上自由活动的化身。然而并不是任何人都可以操纵这个克隆 Na'vi 人，只有 DNA 配型相符的人才有这样的能力。

杰克·萨利的双胞胎哥哥是克隆 Na'vi 的人类 DNA 捐献者，他可以操纵克隆 Na'vi 人，然而他在一次意外中被枪杀，所以杰克用了哥哥的克隆人。

最终，杰克进入潘多拉，就像是穿戴了智能设备进入元宇宙一样。

可以说，潘多拉星球就是一个与地球平行的星球，这样的设定与元宇宙一样，元宇宙就是一个与现实世界平行的世界。现实世界的人能够通过穿戴设备进入潘多拉星球，这就如同现实中的人想要进入元宇宙，也需要穿戴 VR 等设备，才能置身于元宇宙空间。

综上所述，如果说元宇宙和 Avatar 有联系，一定就是在本质上的相似性。

3问：开放多人游戏算是元宇宙的前传吗？

先回答一下：开放多人游戏就算是元宇宙的前传。

为什么这么回答，我们先来看一下元宇宙前传所经历的六个阶段的发展。

第一个阶段，1979 年，这一年出现了第一个文字交互界面，这可不是指 QQ，文字交互界面比 QQ 要早很多。这个能够将很多用户联系在一起的实时开放式社交合作世界就是元宇宙的雏形。因为有了这个界面，很多人都能够同时出现在同一个空间里，大家进行开放式社交。

第二阶段，1986 年，出现了一个 2D 图形界面的多人游戏环境，这是在第一阶段的基础上，有了色彩，这个就好像是早期的多人游戏，也就是联机游戏。不过，2D 的图像有一点，就是很难让人有置身其中的感受，就像是我们看到一个图片，能把自己带进去吗？肯定不能。虽然说有"人在画中"的境界，但实际上一张 2D 图片不足以让我们有置身其中的感觉，所以，这个阶段的最大贡献就是，让游戏有了色彩，比起文字交互，这里可以有游戏交互，就是大家从一起"社交"到一起"玩"。

这一时期玩得最好的就 MMORPG，它是英文 Massive（或 Massively）Multiplayer Online Role-Playing Game 的缩写，比较常见的译法就是大型多人在线角色扮演游戏，是网络游戏的一种。在所有角色扮演游戏中，玩家都要扮演一个虚构角色，并控制该角色的许多活动。

第三阶段，是 1994 年，进入到九十年代，多人游戏一下有了飞速发展，这一阶段，国内开始出现计算机学习热潮。这个时候，就出现了一个轴测图界面的多人社交游戏。

轴测图是一种单面投影图，在一个投影面上能同时反映出物体三个坐标面的形状，并接近于人们的视觉习惯，形象、逼真，富有立体感。但轴测图一般不能反映出物体各表面的实形，因而度量性差，同时作图较复杂。因此，在工程上常把轴测图作为辅助图样，来说明机器的结构、安装、使用等情况，在设计中，用轴测图帮助构思、想象物体的形状，以弥补正投影图的不足。

所以，轴测图界面的出现给了人一种比较真实的感受，至少映入眼帘的是立体的，比如一栋楼房，以前 2D 画面的时候，只能看到楼、楼门和窗户，而且还是正面的。而轴测图界面就不一样了，能够让我们轻松地看到三百六十度无死角的整栋楼。

在这个阶段，轴测图界面不仅是一次飞速跃进，而且还出现在游戏界面，用户可以实时聊天，可以一起旅行，可以改造游戏世界，开启了游戏中的 UGC 模式（User Generated Content 的缩写），中文可译作：用户原创内容。UGC 的概念最早起源于互联网领域，即用户将自己原创的内容通过互联网平台进行展示或者提供给其他用户。

UGC 的特点主要就是个性化、原创性。包括我们所在的社交平台、自媒体平台，都在大力支持 UGC。

第四阶段，出现了 3D 界面。3D 界面让情景背景更加真实，第一个投入市场的 3D 界面 MMOG（Massive Multiplayer Online Game），强迫开放性世界而非固定的游戏剧本。MMOG 的出现可以说是元宇宙的雏形被打造出来了。

3D 的出现，让玩家真正拥有了参与感、沉浸感。

第五阶段，在 1995 年，基于小说《雪崩》的创作，在国外，已经有人提出了类似"元宇宙"的概念，但是这时期这个概念并没有引起大家的强烈反响，毕竟互联网刚刚起步，移动通信也不够发达。

这一时期，中国最火的就是 QQ，也就是刚开始接受多人社交的平台。

第六个阶段，也就是元宇宙出现的最后一个阶段，就是游戏"Second Life"（第二人生）的出现。进入 2000 年之后，手机从大哥大到诺基亚，再到智能手机，手机网络也从 2G 到 4G，玩的游戏也从 QQ 游戏到了 CS 红警等。

2003年，"Second Life"出现了，这款游戏打造了一个真正意义上的现象级虚拟世界。"Second Life"的出现推进了元宇宙的逐渐形成。

4问：元宇宙是游戏吗？

元宇宙不只是游戏。

说到元宇宙，很多人都会联想到游戏，现在看到的很多与元宇宙相关的新闻也确实都和游戏相关。"Second Life"是元宇宙雏形，"Roblox"是第一个把自建内容写入招股书中并在纽交所上市的，可以说，现在的元宇宙离不开游戏，然而，离不开也并不是，确切地说"不只是"。

元宇宙拥有游戏的特点，但不局限于游戏。我们先来看看游戏和元宇宙到底有哪些相似之处。

玩网络游戏，一个最重要的因素就是你需要在网络游戏里有一个自己的身份，给自己起一个昵称，就像是你打造出来的自己的分身。

有的游戏有固定身份，比如"大富翁"这类，你只能成为其中一个身份，根据地方身份在游戏里进行资产配置。但是也有很多游戏并没有人物剧本，举个例子，扑克游戏斗地主，你就是你，你不是任何已定游戏中的人物，但你也不是真实世界的你。

在游戏人物设定上，元宇宙和游戏的确有点相似。在元宇宙中，你可以完全与自己现实世界中的身份不一样，在现实世界里，你是一个中年男人，在元宇宙你甚至可以是一个妙龄少女。如果在其他网络虚拟平台，微博等地方，一个人的身份再虚拟化，也是与现实有着千丝万缕的联系，但是在元宇宙，切断了现实世界真实的你与你所创造出来的人的关联。这一点，是游戏做不到的。

另外一点，可穿戴智能设备。玩游戏的都知道，VR眼镜一戴上，自己瞬间就成了游戏中的人。在元宇宙也要依靠这些穿戴智能设备。毕竟如何让自己沉浸在元宇宙这样一个虚拟的平台里，靠的就是代入感。

元宇宙也一样，具有这种沉浸感，但请注意，这和元宇宙还有相当的一段距离，游戏绝不是我们所说的元宇宙。

元宇宙和游戏最大的差别在于，游戏无论如何开放，都有一个根本"中心化"，但是元宇宙与游戏完全不同的就是"去中心化"。

我们玩游戏，不管什么游戏，你在玩游戏的时候都要遵循游戏的设定，比如，游戏规定你三枚金币买一顶帽子，五枚金币买一双鞋，十枚金币换一把武器，这是你必须要遵循的，你不能十枚金币换一双鞋，游戏不支持，你也不能三枚金币换一把武器，游戏不允许。

元宇宙是什么呢？和我们现实世界一样，三枚金币能买什么？一顶帽子、一双鞋或者是一把武器，在你自己的选择。就像是现实世界里，我们用五元钱，能买很多种类的东西，而且有可能五元钱能够通过砍价等方式买到更多的东西，没有人给你设定五块钱必须买什么、只能买什么。

游戏的"必须"是遵循剧本的设定，元宇宙的"随意"是完全照着玩家的意图，没有设定，没有规则，没有剧本，这就是中心化和去中心化的区别。

元宇宙的去中心化是元宇宙的价值系统，这一系统目前来看比较困难，我们知道但凡是互联网虚拟平台都是由程序做出来的，程序做出来就和真实世界是有区别的，虽然元宇宙有无限可能，但却也会有一个界限点。也就是我们所说的规则。

此外，就是身份！游戏社交，我们的身份都是由现实身份延伸，比如，不管我们怎么给自己设定人设，归根结底还是通过你的手机号、邮箱等注册而来，想找到现实中的你还是比较容易的，游戏和社交里的身份与显示身份有着千丝万缕的关系。

但是元宇宙里面的身份就完全不同，对于元宇宙来说，身份是完全虚拟的，这个虚拟的数字身份不是把现实世界的你包装成另一个人，而是完全出于元宇宙这个系统而做出的自由选择。

所以，元宇宙是"去中心化"的，且与现实完全切断联系的，没有任何提前写好的剧情，没有什么可供选择的角色，也没有像游戏通关那样有一个终点，从早期的开荒拓土，到后期的各种玩法，都是由参与者自己策划的，元宇宙给参与者充分的自由度。

5问："Second Life"是什么意思？

"Second Life"是在美国非常受欢迎的一个网络虚拟游戏。

这个游戏就有点元宇宙的雏形，比如具有以下要素：

虚拟化身互相交换；

自由居住，用钱买房；

有社交；

可以参加集体活动；

有个人财产；

享受服务；

……

就是你在现实世界所能做的一切，在元宇宙都有。

与现实世界不同的是，你可以任意选择自己的身份，这一点就好像是"白日梦"，我们把自己想象成任何一种身份，但是想要实现这个白日梦就需要有货币支持，用现实中的货币换虚拟货币。

在游戏中，每一个人都可以做与现实中一样的事，吃饭、购物、开车、旅游……然后与很多人认识。所以说，"Second Life"是网络游戏加社交网络的第二人生。但是，归根结底，它也只是一个游戏，只不过这个游戏是相对来说最贴近元宇宙的游戏。

在这个游戏中，也有一些现实世界元素的介入：

瑞典在游戏中建立自己的大使馆；

IBM在游戏里建立自己的销售中心；

CNN建立自己的游戏报纸；

西班牙政党在游戏里进行演讲；

很多人把在游戏里赚取财富当作自己的工作；

……

然而，必须被重视的还有，游戏所涉及的法律法规还亟待解决。而游戏群面临的问题，这将是元宇宙所面临的问题。游戏给了元宇宙雏形，也像是一个初级模板，等待着验证和完善。

需要注意的是，这个游戏目前虽然有 500 万人注册，但是活跃度并不高，而且类似游戏频出，让它也有了很大的竞争压力。另外，在注册上，游戏允许一个用户注册多个账户，这就和元宇宙相悖，很难让人有更深一层的代入感。

不过作为 2003 年就推出的游戏，这一款游戏更像是一个标杆。元宇宙势必会在这一款游戏上做出提升与改进。

6问：真正的元宇宙产品应该具备什么要素？

从目前来看，元宇宙应具备八要素，即身份、朋友、沉浸感、低延迟、多样性、随地登陆、经济系统和文明。

Identity（身份）：每个人在登录这个游戏之后，都会获得一个身份。我们在真实世界有一个身份，同时在虚拟世界也需要一个虚拟身份，虚拟世界的身份跟我们是一一对应的。

就是说一个人一个身份，最简单的理解就是在游戏中，或者是在社交平台，玩家给自己设定了一个身份，这个身份不受平台限制。而且不是一个人多个账号，而是一个人只能有一个账号。

Friends（朋友）：元宇宙内置了社交网络，每个个体的活动、交流都在元宇宙中进行。

就是你在元宇宙中交的朋友，就好比，你是一个北京的孩子，大学的时候考入了上海，这时候你就要在上海交到新朋友。元宇宙的朋友要素和这个大同小异。

Immersive（沉浸感）：沉浸感迄今为止是人机交互中最容易被人忽视的一部分，虽然它经常在游戏环境中被提及，但是当你阅读一本特别引人入胜的书的时候，或是观看电影、电视节目的时候也可以有这样的体验。

沉浸感就是你好像置身其中一样，比如，看电影，尤其是3D电影，当一个人物在扔东西的时候，观众会有一种东西是朝着自己扔来的感觉，尤其是动画片中，小朋友们会惊呼，这就是沉浸感，小朋友们会觉得动画人物正在朝着自己扔东西。

Low Friction（低延迟）：游戏延迟就是数据从游戏客户端到服务器再返回的速度。网络状态越好，服务器响应越快；使用人数越少，延迟就会越低。在一些需要快速反应的游戏中，比如竞技类和RPG类对战，延迟对于游戏的影响很大。

很多人可能会说，元宇宙不是游戏，但元宇宙也是依托虚拟网络平台，所以，也一样需要低延迟。

Variety（多样性）：虚拟世界有超越现实的自由和多元性。这个比较容易理解，就好像是现实和艺术作品一样，艺术作品都来源于现实并高于现实，比如，现实是一个蛋糕坯子，艺术作品就是奶油点缀。而虚拟世界也是如此，它势必要比现实更加丰富。

Anywhere（随地）：不受地点的限制，可以利用终端随时随地出入游戏。这个就很容易理解了，就是不能像坐车一样，要到固定的车站才能上车，而是像开车一样，随时停随时上车。

Economy（经济）：元宇宙也有经济，而且是比较完善的，由区块链技术支持的虚拟币。在元宇宙也将有属于元宇宙的虚拟货币，用来丰富元宇宙的经济体系。

Civility（文明）：社会文明都知道是什么。在现实社会中，有社区、村庄、城市，每一个都是文明社会的组成部分。在元宇宙也有这样的设定，可以说元宇宙是现实世界的升级版，或者说是高配版。

这八个元素必然是元宇宙最根本的，也是最基础的元素。可能在发展中，元宇宙还会发现更多的元素。

7问：有没有人类社会虚拟化的临界点？

临界点是一个物理学名词。指物体由一种状态转变成另一种状态的条件。

都说2020年是人类社会虚化的临界点，原因就是新型冠状病毒性肺炎疫情的爆发，让很多线下的事情都转到了线上：

公司开会，从线下到了线上；

工作内容，从线下到了线上。

如果你的家里没有网，你的手机没有4G，基本上你就像是被困孤岛了。

从2020年下半年开始，我们发现很多的行为都已经线上网络化。

在2020年之前，大家也一直都有网上购物、线上教学等行为，但那都是小打小闹式的，真正大规模转移到线上是在2020年。因为疫情，孩子们只能居家学习，上网课，而且在4月份开学的时候，就连学校的老师都开始通过线上的方式进行教学，整个2020年下半学期，孩子们的学习方式基本以线上学习为主。

那么，我们是不是可以把4月份称为一个临界点，一个由线下转为线上的临界点呢？可以。

早在2019年的时候，美团买菜就已经开始大力推广APP。但是，效果并不是很显著，在2020年3月份之后，人们遵循少出门的原则，开始习惯使用各种生活服务类APP。

所以说，人类虚拟化的临界点就是在2020年。

首先，疫情加速了社会虚拟化，全社会上网时长大幅度增加，宅经济迅速发展；

其次，从例外状态到常态，从偶尔为之到习惯为之，再到必须为之；

最后，随着人们对虚拟的认识，越来越多的人开始通过网络延续生活。

生活迁移，线上与线下打通，人类的现实生活开始大规模向虚拟世界迁移，人类成为现实与数字的"两栖物种"。此外，越来越多的人能够通过网络做着维持生计的工作，越来越多的人通过线上赚钱。

8问：为什么说2021年是元宇宙元年？

为什么说2021年是元宇宙元年？其实这跟两方面有关系，一方面是大众对网络的认知；另一方面就是技术的升级。

第一，是大众的认知，在网络匮乏的时期，大众对这些概念是非常陌生的。元宇宙概念之所以大火，其实就是懂得区块链的那一部分人率先能够预想到。而区块链都不甚了解的人，自然不会觉得元宇宙很厉害，很多人在大概了解元宇宙之后，脑海里形成一个大概的概念，元宇宙就是一个游戏平台。

第二，从技术上来说，现在是没办法实现真正的元宇宙，因为从技术上来说，只能打造一个类比元宇宙的游戏，而完全无法打造出真正的元宇宙，一个能够与现实世界平行的虚拟世界。

所以，2021年被称为元宇宙的元年，一是这个概念得到了大规模推广，更多的人知道了这个概念，二是这个概念已经开始有了技术支持，也就是说，往后的每一年都是在今年的基础上，进行一个技术的推进和推演。

这里面，我们要说一个概念，那就是群聚效应，它是一个社会动力学的名词，用来描述在一个社会系统里，某件事情的存在已达至一个足够的动量，使它能够自我维持，并为往后的成长提供动力。以一个大城市作一个简单例子：若有一个人停下来抬头望天，没有人会理会他，其他路过的人会照旧继续他们要做的事情。如果有三个人停了下来抬头望天，可能会有几个人停下来看看他们在做什么，但很快又会去继续他们原来的事。当街上抬头向天望的群众增加至5~7人，这时，其他人可能也会好奇地加入，看看他们到底在看什么。

说到底就是一个人做什么，别人不会注意，十个人做什么，就会有人观望，二十个人一起做什么，其中有五个人可能是凑过来的。有点像是气氛组，群聚效应就是这样。所以，你会觉得为什么一到饭店，食客越多的饭店人越多，食客越少的饭店人越少，就是这样一个理论。

再说到元宇宙，一开始史蒂芬森提出的"元宇宙"没有引起多大的轰动，二十九年之后，一个沙盒游戏平台"Roblox"将这一概念写进了招股书，并成功登陆纽交所，然后，Facebook直接改名，并且宣布打造元宇宙公司，接下来微软公司的某个知名总监谈论元宇宙……这些业内精英们开始对元宇宙的概念进行讨论、深层分析甚至是传播，关于元宇宙的文章、视频和内容充斥在网络上，于是不仅仅是科技界，包括资本界和政府都在拭目以待，由此在无形中也推动了元宇宙概念。于是，在这一年，最火的就是元宇宙，而这一年也可以称为是元宇宙元年。

第二章 元宇宙是什么

9问：Metaverse是什么？

"元宇宙"对应的英文是 Metaverse。

这是一个合成词：Meta（超越）+verse（宇宙），字面含义就是"超越于现实宇宙的另外一个宇宙"，可以将其理解为一个平行宇宙。

在小说《雪崩》里面，它就是一个与现实世界平行的网络世界。但是这么说，就会让人觉得好像是不真实的，是科幻的，于是业内专家就把它重新定义了一下：

PC，也就是我们的电脑，是互联网 1.0 时代；

移动网络，也就是我们的手机网络，是互联网的 2.0 时代；

元宇宙应该是互联网的 3.0 时代。

也就是说，元宇宙根本就是个互联网产物，Metaverse 在 2021 年 12 月，入选《柯林斯词典》2021 年度热词；12 月 6 日，入选"2021 年度十大网络用语"；12 月 8 日，入选《咬文嚼字》"2021 年度十大流行语"。

10问：元宇宙是什么？

元宇宙就是互联网 3.0 版，可以从以下四个方面来看：

第一方面，时空性。元宇宙是数字世界，但是这个数字世界建立在一个虚拟网络上，也就是说，和很多的游戏、APP 一样，都是程序员通过程序代码敲出来的一个虚拟世界，所以，元宇宙不是真实存在于我们同一个时空，但却通过虚拟的方式与我们在同一个时空同行。

第二方面，真实性。元宇宙不具备真实性，因为元宇宙是基于网络，基于虚拟的产物。元宇宙看似是复刻了现实世界的一切，但它不具备真实性。举个例子，我们看电视剧，觉得电视剧真好看，和我们现实一样，但是，电视剧毕竟是剧本的演绎，它不是真实的。有的人说了，电视剧也是以现实事件为创作基础的。但是，基础是基础，还不是生活。所以，元宇宙也是如此，就算打造出与现实世界一模一样的虚拟世界，它也只是个虚拟的，而非现实的，不具备真实性。

第三方面，独立性。元宇宙可以独立吗？不可以，如果没有 5G，元宇宙就什么都不是。可以说，元宇宙不可能具有独立性，因为它不可能脱离网络技术而独立存在，网络是它存在的根本。打个比方，就像是一条鱼，它在大海里已经算是独立自由的，但是如果它离开大海呢？就是死路一条。如果说用鱼做比喻不恰当，那么我们就以一个网络游戏为例，我们在玩网络游戏的时候，在游戏里是何等自由的独立个体，但是，如果网断了，那么我们在网络中独立个体的身份就不存在了。元宇宙离开5G同样如此。

第四方面，连接性。元宇宙具有强大的连接性，它能够把网络、硬件终端和用户连接起来，当元宇宙真正打开时，它的连接性就是无可比拟的，它可以连接网络虚拟与现实之间。因此，元宇宙具有最大的功能就是连接性。

现在技术大咖、资本大咖们所说的元宇宙和一开始提出的元宇宙是截然不同的。资本所说的元宇宙是一个能够汇集资本的概念，就是能够带动网络技术、穿戴智能技术以及各种技术的一个总概括，说到底，就是需要有回报的一个概念。

但是，在小说《雪崩》里面的元宇宙并非如此，而是一个超越宇宙的概念，说起来就有点像与地球同行的星球的概念，更像是一个概念集合体。

之前我们也说过，元宇宙包括八大要素——身份、朋友、沉浸感、低延迟、多元化、随时随地、经济系统和文明。要素众多，每个要素背后，还有一连串的解释。从元宇宙特征与属性的图谱里，也有人梳理出了定义元宇宙的特征：

社会与空间属性（Social & Space）、科技赋能的超越延伸（Technology Tension）、人、机与人工智能共创（Artifical, Machine & AI）、真实感与现实映射性（Reality & Reflection）、交易与流通（Trade & Transaction）。

23

由此可见，元宇宙最终的出发点是现实，是现实中的网络技术、硬件终端等，现阶段的元宇宙是一个畅想，基于多人开发游戏的畅想。

举一个例子，就像是很多小说作品中，一个人在现实生活中受挫，甚至是绝望了，这时候一股强大的力量将他拖入了另外一个时空。在这个时空，他拥有和现实世界完全不一样的身份，且所有的一切都是真实存在的。这就是元宇宙最终想要达到的一个效果，简单来说，就是每个人都想要去的平行世界。遗憾的是，元宇宙是一个离不开现实网络的平行世界。

11问：元宇宙不是什么？

有人认为元宇宙和游戏差不多，前文也说过，游戏是中心化，而元宇宙是去中心化，整个的内核是不一样的。

元宇宙不是单一的一个概念，可以用一个等式来帮助大家理解：元宇宙 = 大型多人在线游戏 + 开放式任务 + 可编辑世界 +XR 入口 +AI 内容生成 + 经济系统 + 社交系统 + 化身系统 + 去中心化认证系统 + 显示元素。

可见，元宇宙不是游戏，比游戏包含的内容更多，其包括了创造性的游戏、开放性的探索、与现实的连通，这是元宇宙的特点，但是游戏的特点却是被动消费、给定任务以及逃避现实。

也就是说，元宇宙并不等同于游戏。

元宇宙不等于虚拟世界，虚拟世界是完全虚拟的，但是元宇宙并非完全虚拟的，而是与现实世界有些关联。比如，我们说现实世界拥有的权利、购买力、注意力和传播力实际上都应该体现在元宇宙中。

也有人不理解，觉得元宇宙是基于网络创造出来的，为什么不是虚拟世界？或者说为什么不等同于虚拟世界。

实际上，元宇宙就是在打造一个与现实世界完全平行的世界，在某种程度上说，元宇宙是要复刻现实世界，而不是脱离现实世界，很多虚拟世界是完全脱离现实世界的。但是，元宇宙的最终形态必将是对现实世界的复刻，虽然是一个虚拟世界，但却具有现实世界的一切因素。因此，不能简单地说元宇宙就是虚拟世界。

元宇宙也不是平行世界！很多人说了，元宇宙不是虚拟世界就一定是平行世界，甚至用《阿凡达》等影视作品来证明元宇宙的最终形态必将是平行世界。

不要忘了，元宇宙是基于网络技术、终端技术，说句实话，平行世界应该是与现实世界无时无刻都处在平行线上，也就是说，如果关了网络元宇宙还能存在，这才说明元宇宙是平行世界，但是，实际上，一旦断开网络，元宇宙就会直接消失。

对于每个人来说，平行世界应该是，你去了之后回不来的，但在元宇宙，你是可以随意来往的，所以，元宇宙不管从技术上还是从观念上，甚至是从伦理上来讲，绝对不是与现实世界平行的平行世界。

有人认为元宇宙一定是新科技，错了，就像我们所说的电脑端的网络是互联网1.0阶段，手机端移动网络是互联网2.0阶段，那么元宇宙一定是互联网3.0阶段。元宇宙不可能由一家企业自行完成，势必是要通过多

25

领域、多企业的合作协同才能打造出来，且包括的是由增强现实（AR）、虚拟现实（VR）、三维技术（3D）、人工智能（AI）等技术支持的虚拟现实的网络世界。

AR、VR、3D、AI，哪一个是新技术？没有新技术，这些技术都是近几年一直在升级的技术，所以元宇宙不是新科技，只是现有科技的一个提升。

元宇宙不是新概念，这个概念出现在二十九年前，比起区块链，这个概念都算是老梗了，史蒂芬森的《雪崩》是在1992年出版的，距今也已经有三十年了，这个概念也有三十年了。

所以，大家一定要明白，元宇宙是丰富的，它不是单一的，不是游戏、不是纯粹的虚拟世界、不是真正意义上的平行世界、不是新概念，更不是新技术。

12问：元宇宙，到底依赖哪些技术？

前文说过元宇宙是基于技术创造出来、构建出来的一个网络虚拟平台。那么，元宇宙到底依赖哪些技术？

总体来说，元宇宙具有六大核心技术：

一、物联网技术；

二、区块链技术；

三、交互技术；

四、电子游戏技术；

五、人工智能技术；

六、网络及运算技术。

物联网技术：物联网技术（Internet of Things，IoT）起源于传媒领域，是信息科技产业的第三次革命。物联网是指通过信息传感设备，按约定的协议，将物体与网络相连接，物体通过信息传播媒介进行信息交换和通信，以实现智能化识别、定位、跟踪、监管等功能。

可以说，物联网是物与物、人与物之间的信息传递与控制。我们平时见的最多、应用最多的应该是物流业通过物联网打造的物流。比如，物流企业大都是通过物联网的方式，提升物流运转速度，以及提升物流分拣率等。所以，物联网技术实际上是一个应用很广泛的技术。这一技术如何应用到元宇宙，就是要潜入"梦境"，需要靠机器，实现与目标人物意识的连接。这台机器就是物联网技术的实现。说到底就是让现实世界的人能够毫无防备地进入元宇宙，而物联网技术起到了决定性的作用。

区块链技术：区块链技术是互联网十大典型司法技术应用之一。区块链技术又被称为"共识技术"，共识机制在任何一个区块链系统中都处于最为核心的地位。区块链是这几年的一个新技术，起源于比特币，2008年的时候，一篇《比特币：一种点对点的电子现金系统》的文章被传播开来，这篇文章阐述了基于P2P网络技术、加密技术、时间戳技术、区块链技术等的电子现金系统的构架理念，这标志着比特币的诞生。

比特币是虚拟货币，未来，在元宇宙也将有流通于元宇宙的虚拟货币，不过，到那时候区块链技术应该更加安全，因此，区块链技术是保证元宇宙经济的重要技术。

交互技术：交互是指自然与社会各方面情报、资料、数据、技术知识的传递与交流活动，从信息论的角度看，汇集了一定地域内各种信息资料，是一种有形的文字信息载体。交互技术则是利用一定手段达到交互目的，逐渐步入多领域应用时代。

交互技术体现在生活的方方面面，比如，对于失声人群来说，就有无声语音识别，对于失明人群就会眼动追踪或者是电触觉刺激等，这类技术能够让残障人士在欠缺的那一方面达到正常人的水平。通过交互技术，能够让更多的残障人士更好地生活。运用在元宇宙中，就是能够为现实世界的人沉浸于元宇宙创造一个条件，尤其是脑机接口，现在很多医学院脑外科都想要通过脑机接口实现对病人更好地诊治。

电子游戏技术：电子游戏又称电玩游戏（简称电玩），是指所有依托于电子设备平台而运行的交互游戏。根据运行媒介的不同，分为五类：主机游戏、掌机游戏、街机游戏、电脑游戏及手机游戏。电子游戏在20世纪末出现，改变了人类进行游戏的行为方式和对游戏一词的定义，属于一种随科技发展而诞生的文化活动。

因为元宇宙本身包括了多人开放在线游戏，因此电子游戏技术是元宇宙必不可缺的一项技术，而元宇宙在一层层剥下来概念后，最后露出的就是和游戏相似的本质，只不过，元宇宙是去中心化之后的游戏，是没有剧本和设定的游戏。从目前来看，元宇宙和Roblox等游戏的确是具有异曲同工之处，只不过，元宇宙不局限于游戏，却也是利用电子游戏技术构建而成的。

人工智能技术：人工智能也就是我们所说的 AI，AI 技术是元宇宙不可或缺的技术之一，在人工智能技术中，能够应用到元宇宙的包括但不仅限于：智能机器人、模式识别与智能系统、虚拟现实技术与应用、系统仿真技术与应用、工业过程建模与智能控制、智能计算与机器博弈等技术，而人工智能技术是直接关系到元宇宙中每个现实世界个体分身在元宇宙生存的重要技术。

网络及运算技术：网络计算技术指用户通过专用计算机网络或公共计算机网络进行信息传递和处理的技术。计算机网络虽然在 1969 年就出现了，但网络计算大发展还是在 20 世纪 90 年代。随着世界各个国家信息基础设施（NII）计划的开展，网络计算的重要性越来越突出，人们普遍认为世界将进入以网络为中心的计算时代。

网络计算技术算是元宇宙赖以生存的"空气"，如果没有网络，元宇宙就彻底消失了，因为元宇宙的根本技术就是网络技术，而且是要在 5G 网络及以上网络上实现。如果说以上技术都是元宇宙的依赖技术，那么网络及运算技术就是根基技术。

13问：元宇宙关键技术挑战和机会有哪些？

元宇宙在小说里描述起来很简单，但是，放到现实物理世界，就未必如此了。元宇宙需要技术支撑，那么，在构建元宇宙时，在关键技术上的挑战和机会又有哪些呢？换句话说，在目前技术的基础上，哪些技术对于构建元宇宙至关重要。

元宇宙需要大量的创新，这其中包括内容生成、经济模式、互动方式等等，但是对于构建元宇宙来说，最根本、最基础的则是底层软硬件技术。元宇宙最终达到的目标是成为与现实物理世界平行的世界，让人无法分辨出自己到底是在现实物理世界，还是在网络平行世界。

目前应用技术无非就是5G、AI、AR、VR、区块链等技术，在这些技术的基础上，才可能构建出一个元宇宙。但是，目前这几项基础技术还达不到构建元宇宙的水平。我们从三个方面来简单说一下：

第一，如何让人进入元宇宙，现在所具有的技术就是AR、VR、MR，这些穿戴智能设备能够让人进入到游戏中，但是，能否让人进入到元宇宙呢？实际上，以目前的技术水平来说，是无法达到让人轻松、无感地进入元宇宙的。虽然，XR为我们的听觉和视觉提供了大部分的信息量，甚至能够让我们通过XR途径进入到虚拟画面中，但是一个人判断的因素包括语言、手势、动作等等。所以，目前来看相对来说较为沉重的XR穿戴智能设备，还不具备让人轻松进入元宇宙的功能。或者说，现在只能通过视觉和听觉进入，未来，进入元宇宙需要的是全身心地进入一个网络平行世界。这就需要脑机结合，让设备与大脑相连，通过大脑和外部接口让人能够实现沉浸的终极目标。然而，现在虽然在医学上已经开始有了对脑机接口技术的研究，但是，这必然不是一个短时间内就能实现的技术。

第二，元宇宙想要成为一个平行于现实物理世界的网络平行世界，实际上需要有"云"支持，就像是一个游戏需要内存，一个APP需要占手机内存一样。也就是说，想要构建元宇宙，至少需要一个能够存放"元宇宙"的地方。我们说，元宇宙是想要打造成为与现实物理世界一模一样，同样的城市与建筑，同样的景物与山水，这一切在现实物理世界来说是经过很多年的城市进化而成，所以，想打造出一个一模一样的世界，就需要有很大的空间内存。

第三，构建元宇宙最需要解决的问题，就是算力问题。算力是根本，比如对物理世界的模拟、对场景的渲染等。如果对应每个接入的人需要的算力是 C，那么一个人就是 C，可是我们想要构建的元宇宙是需要至少包括全球五分之一的人，也就是说 60 亿人口的五分之一，那也有 12 亿人。这些用户都要接入，整体算力是多少？这还不算上模拟和渲染一个真实世界所消耗的能量问题。再者，我们现在觉得元宇宙想要打造的是我们目前能够看到的世界，实际上，世界非常大，我们看不到的太多了。由此来看，算力需求变化很大，因此，元宇宙的整个算力架构应该是具有高度弹性化。现在以目前的算力技术来看，还是远远达不到构建元宇宙所需要的技术水平。

同样，不管是 XR 智能穿戴设备还是"云"储存、"云"计算，以及算力技术，都属于构建元宇宙的关键技术，都将在发展中具有机会。当然，还有一个问题就是，当我们想要进入元宇宙时，是通过 PC 端，还是通过移动端？也就是说，硬件技术是被忽略的一个具有巨大潜力的挑战与机会。

想要进入元宇宙，如果是移动端，我们会不会很容易出现违和感，甚至无法让自己置身其中？这些问题在元宇宙的初步模型都没打造出来之前，不会有人能够给出确切的答案。但是，对于元宇宙关键技术挑战和机会，以上所说的三点一定是需要考虑的首要因素。

14问：区块链和元宇宙有什么关系？

区块链和元宇宙有什么关系呢？我们先来解释一下区块链。

从科技层面来看，区块链涉及数学、密码学、互联网和计算机编程等科学技术问题。从应用视角来看，区块链是一个分布式的共享账本和数据库，具有去中心化、不可篡改、全程留痕、可以追溯、集体维护、公开透明等特点。这些特点保证了区块链的"诚实"与"透明"，为区块链创造信任奠定了基础。而区块链丰富的应用场景，基本上都基于区块链能够解决信息不对称问题，实现多个主体之间的协作信任与一致行动。

用一个例子来具体说一下：

假如你在上大学，住的寝室是标准的四人间，你和小王、小张、小李住在这里。在生活中，总是避免不了有人垫付车费、饭钱、水电费等，但每次消费之后都要计算结账很麻烦。于是，你们想着是不是能够随时记账。但纸质的记账太麻烦了，就建立了一个 Excel 表格。

问题来了，如果四个人之间有人不诚实，比如小王爱占便宜，或者是小张斤斤计较，这一个表格可能会有被篡改的可能，小张就把本该摊在自己身上的钱挪到小李身上。所以，为了解决这个问题我们可以用区块链的技术。首先，区块链的解决方案第一步就是给每个人配备一个账本，这个账本在需要记录的时候还会喊话，比如，小王说"小王需要支付20元给小张"，全寝室都知道了，然后各自记录在自己的账本上，小王就算是想要和小李平摊，自己只出10元，也只能是在自己的账本上修改。

但是，会不会出现乱喊的情况呢？也是有的，所以，区块链的解决方案第二步就是要求每个人签字，"小王需要支付20元给小张"，小王需要签字，小张需要签字，也就是说，每个人都清楚每一笔钱的付款方和收款方，而双方也都会签字确认。最终，这个账本通过在表格里进行数字签名，从而保证账本的真实性。

区块链就是一个解决方案，具体来说，区块链实际上就是宿舍四个人的账本流程，是一个去中心化的数据库，是一个不能被轻易修改的数据库。

那么，这么一个去中心化的数据库和元宇宙有什么关系呢？

在构建"元宇宙"的相关技术里，如果没有区块链，"元宇宙"可能永远都是一种游戏形态，但是区块链打通了这个虚拟世界和现实的桥梁，让"虚拟世界"变成了"平行宇宙"。区块链作为新一代互联网底层技术，目前已经应用于很多领域并有成功落地案例，而在构建"元宇宙"的进程中，它也展现出了自己独特的重要性。另外，区块链也将成为元宇宙经济体系的重要构建技术。因此，区块链将为元宇宙提供与网络虚拟空间无缝契合的支付和清算系统，并保障系统规则的透明执行，能大幅降低可能存在的腐败和暗箱操作等行为。

因此，区块链可以使"元宇宙"里的数字物品成为真实的资产。通过区块链，能实现数据内容的价值流转，再通过数字资产的映射，用户在

"元宇宙"世界里的装备道具、土地产权等也会有可交易的实体。

15问：元宇宙知识版图包括了什么？

首先，我们要知道版图是什么，对于一个国家来说，版图包括陆地、河流、湖泊、内海、领海以及它们的底床、底土和上空（领空），是主权国管辖的国家全部疆域。而对于元宇宙来说，就可能是元宇宙所能辐射的产业。

其次，我们要知道知识版图包括什么，对于一个新生事物，知识版图就是它所包含的新的知识点，也就是元宇宙的核心知识。比如，元宇宙的基础设施、从数据到模型、平台底层设定、平台创作系统、全生命周期管理、平台经济系统等。

最后，元宇宙知识版图到现在之所以不明确，还是因为其还只是一个概念，如何从一个概念看到它的知识版图与布局，还是比较难的。除了技术之外，元宇宙很多方面缺少理论依据，缺少实际经验以及专业积累，所以，我们现在说元宇宙，说的就是一个靠着技术堆积而成的概念。

16问：为什么需要元宇宙？

为什么需要元宇宙？要从三个方面来看，因为网络技术等技术发展到现在也已经进入了瓶颈期，如何突破瓶颈不仅是技术上的问题，更是对于资本等多要素都有着影响。

第一方面，技术上的突破，现在数字孪生、大数据、云计算、区块链等技术的出现和逐步升级，且都有一个特点，就是发展到一定时候就会出现瓶颈。瓶颈期的时候，主要是没有方向，打个比方，在学习中，有方向时就会更有动力。中学的时候为了中考，高中的时候为了高考，上了大学之后，有一部分同学不知道要为自己制定什么样的学习目标，而有目标的同学最终考上研究生，或者是根据就业提升自我，没有目标的同学蹉跎岁月，一无所成。

元宇宙的出现实际上也是起到了一个目标的作用，此外，Facebook改名甚至改变经营主要业务的方向也有这样的原因。对于一个企业来说，在某一个领域看不到发展的方向了，这时候就很容易迷茫，就会原地踏步不前，对于企业来说，踏步就等于后退。所以，改名也好，改变经营方向也好，都是为了给企业开拓一个更大的发展渠道。

所以，从技术上来说，数字孪生、大数据、云计算、区块链到现在已经是有一种物尽其用的感觉，如何提升技术，如何打开渠道，都成为技术企业所面临的不可避免的难关。在这一难关面前，需要有一个能够继续推进技术的概念，比如元宇宙。

第二方面，资本需要寻找新出口，资本就像是一只嗅觉敏锐的猫，每次嗅到鱼腥味都会扑上来。所以，资本总是走在最前面，我们说场景化社交、虚拟服装、虚拟偶像、智能设备、线上聚会、虚拟土地等这些元宇宙存在的要素就像是一条鱼，还在活蹦乱跳的时候就已经吸引了资本的注意。

举个例子，十年前的区块链也是像元宇宙一样被资本所青睐，区块链也没有辜负资本，让其赚了个盆满钵满。这时候，一个具有潜力的新概念、新技术就成为一条新鲜的鱼，资本正在寻找，并且已经找到。元宇宙对于资本来说，具有极大的诱惑力，因为元宇宙本身是一个非常大的概念，在元宇宙的构建上，包括了很多的技术，而这些技术也都将在现实世界中能够充分被应用，因此，资本看好元宇宙，也需要元宇宙。

第三方面，用户期待新的体验，现在的技术已经非常先进了，我们可以通过可穿戴智能设备，比如VR，让自己直接进入到游戏中，有一种身临其境的感觉。这已经是游戏体验的天花板了。在社交上，既有实名制的社交平台，又有匿名的社交平台，你可以在任何的平台上发表自己的相关言论，似乎整个网络社交也已经到顶了。

用户期待新体验，就像是最近几年流行的穿越类小说，很多人都希望自己能够开启一个第二人生，或者是有一个与现实中的自己完全不一样的新人生。基于用户期待新体验的前提下，元宇宙的出现就是为了满足用户体验新需求。

  正是因为出于以上三方面的需求，所以，元宇宙的出现是顺势而为，而在这三方面的需求之下，元宇宙也一定会继续发展，最终建构起让用户满意的一个平行世界。

第三章 虚拟与现实的关系

17问：为什么Facebook要更名？

美国著名社交媒体平台Facebook于2021年10月28日宣布，该平台的品牌将部分更名为"Meta"。

据Facebook创始人扎克伯格称，Facebook公司将致力于把现有的Facebook以及公司旗下的Instagram等多个社交媒体、实时通讯平台进行逐步整合，打造一个全新的Meta平台。

从介绍看，Meta平台将成为一个全新的、功能更多元的互联网社交媒体形式，部分媒体将这一模式翻译为"元宇宙"（Metaverse），即借助VR和AR技术及设备，吸引用户在3D的虚拟世界中，建立一种类似于现实生活一样可以进行人际互动，能实现工作、交流和娱乐的空间。

Facebook已经是非常有名的全球企业了，为什么要改名呢？接下来，我们就来分析一下。

可能是Facebook在发展过程中遇到了发展瓶颈，或者说，如果不改名，大家都知道扎克伯格改的不是社交平台的名字，而是总公司的名字。也就是说，扎克伯格对公司有更大的期许，所以，名字不能被一个主线业务所牵连，因此改成了Meta。这也可以说是扎克伯格想要在社交平台之外的地方加柴烧火了。

如果说Facebook是扎克伯格小试牛刀，那么给总公司改名字就彰显出了他的勃勃野心。在移动互联网时代，Facebook的发展比起许多互联网巨头逊色了许多，就好像别人条条大路通罗马，Facebook一条路走到黑的意思。因此，扎克伯格给公司改名，也可能是想要让Facebook突破当下的困局。总之，这次改名很突然，但却蹭上了一个大热点——元宇宙。

18问：元宇宙将成为移动互联网的继任者是现实吗？

"元宇宙是移动互联网的继任者"这样的说法是不对的，应该说元宇宙是移动互联网的升级版。毕竟移动互联网是互联网2.0版本，元宇宙是互联网3.0版本。

扎克伯格给总公司改名字后提出，"我们相信元宇宙将成为移动互联网的继承者"的言论。但是，继承者的意思是前者消亡的前提下后者涌现，不过，从现在来看往后几年、十几年甚至是几十年，根本不可能出现移动互联网消亡的情况。

而且，元宇宙构建在5G网络之上，而5G网络运用最广的就是在移动端，所以，元宇宙会和移动互联网相辅相成，绝对不会取代移动互联网。元宇宙是移动互联网的发展与延伸，但绝对不是移动互联网的终结。

元宇宙靠的是网络进入，然后现实的人们进入元宇宙之后就好像进入了一个平行世界。这个平行世界里有着现实世界的一切，有一个属于自己的身份，这个身份可以是完全脱离现实世界的自己的一个新身份；可以结交更多的朋友，甚至是天南海北，和通过社交平台不一样，大家不仅仅是通过线上的社交平台，而是在元宇宙面对面地认识对方；可以深度沉浸在元宇宙之中，好像自己就是元宇宙的人，可以忘掉自己来自真实世界；在元宇宙，大家都可以创作内容，不管是什么内容都能够出现，真正达到思想自由、言论自由、文字自由等；在这里，还有经济和文明，简直就是重塑的一个真实世界。

但是这样的元宇宙会是移动互联网的继任者吗？换句话说，元宇宙会不会代替移动互联网？答案就是——不会！

在现实世界，移动互联网已经是应用于我们生活的方方面面，比如，手机支付，手机不连接WIFI、不开数据，是没有办法支付的。又比如，我们在外面的时候想要通过手机定位，没有网络，手机只能打电话。所以，移动网络不仅不会消亡，而且会越来越重要。

咱们都有这样的感受，手机不再是一部通信工具，而是一部能够带给我们便捷生活的工具，我们的衣食住行完全离不开手机。出门在外，拿好身份证之外，就是要带好自己的手机。在移动互联网并没有这么发达的时候，手机只是通话作用，丢了也就丢了，现在如果丢一部电话就意味着你丢失了自己的"全部身家"。因此，移动互联网只会越来越深地渗透进我们的生活中，而元宇宙出现也只能是一个延伸。

就好像，移动互联网出现之后，PC互联网消失了吗？我们既然不能说移动互联网是PC互联网的继承者，也不能说元宇宙是移动互联网的继承者。

不管是互联网1.0还是互联网2.0，甚至是到了互联网3.0，它们之间的关系是层层递进与延伸，而不是层层递进并取代的关系。

19问：Horizon的社交平台和Facebook本质区别在哪儿？

Facebook本质上就是一个社交平台，类似我国的微信+微博+今日头条+抖音这样的一个社交平台，是处于现实世界中的一个社交平台。

Horizon又是什么呢？值得注意的是，现在的Horizon改名为Horizon Worlds，目前正式向美国和加拿大18岁或18岁以上的用户免费开放VR的社交平台。在Horizon，你可以结识新的朋友，可以跟新的朋友一起参加派对聊天，一起感受全新空间的探索冒险。但是，这不是游戏，这是一个社交平台。

扎克伯格也曾说过,"我们对 Horizon Worlds 的愿景是通过一流的社交世界构建工具来为创作者带来一个友好的虚拟现实空间。在过去的一年里,我们一直在开发相关的工具,并根据创作者的反馈来进行改进。"

除 Horizon Worlds 之外,还有 Horizon Workrooms,这个 Horizon Workrooms 类似虚拟版的腾讯会议。腾讯会议是现实世界中通过网络线上进行会议的平台,Horizon Workrooms 是有"桌面识别""键盘识别""虚拟化身""混合现实""手势追踪"等功能的虚拟会议平台。

所以,Horizon 也是在打造一个社交平台,只不过是虚拟的社交平台,是需要通过 VR 等穿戴智能设备进入的一个社交平台。

Horizon 和 Facebook 最本质的区别就在于,一个是虚拟的社交平台,一个是现实世界中的社交平台,不过,它们都需要依托于现实中的网络技术和终端技术,都是一家公司打造出来的。通过 Horizon 的出现以及系列产品,我们不难看出扎克伯格的野心,他希望自己的社交平台能够首先出现在元宇宙并占领先机。

所以,在维持现实世界 Facebook 这个社交平台不变的前提下,开拓虚拟世界的社交平台,的确给年轻人带来了更多的新意。但是,这样的分化也会引发一些人的质疑。

20问：我们生活的世界到底是虚拟的还是现实的？

《失控玩家》《头号玩家》这类电影，讲述的基本情节就是，当男主角发现自己所处的世界不过是被搭造出来的游戏空间之后，他崩溃了，他觉得自己就是真实的人，他所生活的就是真实的世界，然而包括自己在内所有的一切却都是虚拟的，是随时都可能消失的。

这类的影视、小说创作有很多，比如之前非常火爆的韩剧《W世界》，讲述的就是一个由漫画家创作出来的漫画人物在他所处的漫画世界里一切都是真实的，当他具有了独立的思维后，漫画人物从漫画世界走了出来，来到了真实的世界。

还有很多类似的小说里，大都是如此设定，人物一直认为自己身处一个完全真实的世界，但最后发现这不过是一本书、一个游戏、一本漫画，而看似真实的自己和整个世界不过是别人写出来的、画出来的、用代码敲出来的。

很多玩家在用VR玩游戏之后，尤其是长期玩游戏之后，摘下VR都会有一种不知身处现实还是虚幻世界的错觉。更不要说元宇宙真的构建成之后，人们会对自己所处的世界会有怎样的质疑。

我们到底是真实的活着，还是，我们不过是另外一波比我们还要先进的外星人所打造出来的一个"元宇宙"？毕竟元宇宙就是一个人一个账号，建造出来一个与真实世界一样的虚拟世界。

现在来看，我们生活的就是现实世界。那么，在多年之后，大家习惯在元宇宙开始自己的人生时，会不会觉得偶尔回到的并不是现实而是虚拟世界，也就是说，如果网络技术足够强大，每个人有足够的时间在元宇宙生活、学习、工作，那么，会不会现实世界就成了游戏世界？

21问：虚拟现实补偿论到底是什么？

虚拟现实补偿论，听起来很难理解，我们用一个简单的例子来解释一下。比如我们养一个孩子，孩子小的时候，因为工作繁忙无法陪伴孩子，就会给孩子很多零花钱，希望他能够得到物质上的满足。当物质上满足无法让孩子好好成长时，那我们就开始慢慢放下手里的工作，在精神上和时间上陪伴孩子。这一来一往的，就是补偿论。

虚拟现实的补偿，就是在现实中没有实现的，通过虚拟来补偿。比如，现实中的小圆是一个普通得不能再普通的女孩子，但是在虚拟世界中，不管是通过内容创作的模式还是通过网络社交平台、网络游戏的方式，小圆把自己打造成了一个光彩夺目、异常吸睛的女生。

再简单一点，就是人在现实世界所缺失的，将努力在虚拟世界进行补偿，在有可能的时候，他会在现实世界实现虚拟世界中的补偿。现实是什么呢，现实是只能是其所是，而虚拟世界是其所以不是。也就是说，现实就是你所经历了，就是所经历了，不可能给你重来的机会；虚拟世界就是你所经历了，可以重新经历一次。

我们看到的很多艺术作品都是在写重生、穿越，其实就是在打破这种经历一次就结束的现实困境。人永远都无法知道自己该要什么，因为人只能活一次，为了能够弥补、补偿，我们需要有虚拟的空间。

这就是一种假设，但是很多人相信这种假设，这种假设实际上就是构建元宇宙的一个理论基础，技术基础肯定是通过数字孪生、虚拟原声、虚实融生等方式进行，最终打造出一个能够将自己置身其中的世界。也就是现在我们所说的元宇宙，元宇宙在一定程度上能够实现对现实世界中的自我补偿。

但是，这个虚拟世界也要靠各种技术才能实现。由美国麻省理工学院研发的一种黑科技技术，可以通过收集逝者信息，包括亲友对他进行的性格评价等，然后在网络世界塑造一个"真实"的人物，并且可以模拟出对话，其与逝者生前拥有极高的相似度。这种科技实现了生者可以与逝去的家人在同一空间进行对话，这也是一种虚拟现实补偿论的体现。

由此可见，补偿论实际上只是心理行为，在行动上，只能通过触觉、视觉等达成一个体验，而并非真的能够得到补偿。这里我们需要了解三个概念：

VR：虚拟世界完全置换现实世界；

MR：现实环境与虚拟环境相互混合；

AR：虚拟世界叠加在现实世界上。

实际上，XR 都是虚实交互设备，在某种程度上实现了自己身处虚拟世界，且能对现实世界中的自己在心理上做一个补偿。

22问：是否存在永恒的创世冲动？

创世冲动存在，但是未必存在永恒的创世冲动。

人类社会从产生至今，几千年的历史中，朝代更迭其实就是创世冲动。有人或许说了，那是因为一个朝代没落的时候民不聊生。民不聊生是现象，但是真正推动朝代更迭的就是创世冲动。只不过，朝代更迭也只是比较狭隘的一种创世，真正的创世应该是创造一个世界。

比如，创造一个游戏世界，让所有人在自己所创造的世界、所做出的规则中生存，这是真正意义上的创世冲动。在现实世界没办法实现的就可以拿到虚拟世界，很多艺术作品中，"架空"这样的字眼，实际上就是作为创作者的创世冲动，他创造出来了一个新的、符合自己意愿的新世界。

元宇宙实际上就是一个创世想法，我们基于上面所说的虚拟现实补偿论，假定为了得到补偿而创造虚拟世界的冲动是永恒的，那么，在长时间的发展中就必然会创造出一个个虚拟的世界，其自身所处的世界，也极有可能是由上层设计者打造的。这就是世界模拟论。

从理论上这个是可以实现的，从现实来说就好比是天方夜谭。创造一个虚拟的世界是创世冲动，这样的冲动也是要建立在有可用技术的基础之上的。并且，即便元宇宙真的能够创世成功，但其中不管是从设定还是从规则，最终都是要以现实世界为主的。

这里就出现了一个非常大的漏洞，元宇宙在技术上是可以达到的，但是在伦理上呢？在规则上呢？如果说，资本最终操纵控制元宇宙，那么元宇宙就不能称之为创世，它只是一个资本的产物。

因此，我们说创世冲动或许是存在永恒，但在现实世界中，这种永恒就是薛定谔的猫，没有真正看到过的猫，就是现实不存在的猫。

23问：人类仿真的阶段处于哪个阶段？

人类仿真阶段分为以下三个阶段：

第一个阶段，是仿造阶段，仿造就是认清真实世界才是有价值的，而虚构活动都在模仿、复制，但是真实与仿造是一眼能够看出来的。举个例子，一个正品的包大概是一万元，同样款式的包在城镇集市上可能只需要二十元钱，也就是说，款式看似一样的两个包从价格上就有天壤之别，而这个区别可不仅仅是通过样式，还有款式、材质、五金等，让人第一眼就能看出，哪个是正品，哪个是仿造品。

就好比在玩游戏上，2D界面游戏对于大家来说一点吸引力都没有，但一眼就能看出2D界面与显示界面的差别。

第二个阶段，是生产阶段，价值受市场规律支配，目的是盈利。大规模生产出来的仿造物与真实的正品成为平等关系。以价值一万元的包为例，这一次，仿品被放在三线城市的商场里，标价一千元钱，外观一看也很精致了，而且还带着一些特别之处。总的来说，这个包买了不亏。

这款包在商场里的销售量很好，虽然顾客知道这不是正品，但是不妨碍对它的喜欢。说明在这一阶段，仿造的已经很精致了。就像是我们的3D游戏界面出现，对于玩家来说，整个画面看起来能够有代入感、有沉浸感，这样就很容易将玩家吸引到游戏当中。

第三个阶段，是仿真阶段。这个阶段就是一万元的正品包和一万元的高仿包之间的区别，为什么高仿包还要卖一万元，因为这时期的高仿包已经完全看不到高仿的痕迹，从做工到材料，从细节到总体，就是一个正品包的样子。这一个阶段就是让真实同化于虚拟，或者说让正品同化于高仿，二者之间的接线消失了，作为模仿对象来说，已经到了模仿天花板。

人类仿真世界就是向这样的一个阶段到下一个阶段的发展，最后通过数字孪生等技术手段，让虚实融生，无法分辨出什么是虚什么是实，虚拟世界和现实世界的边界会不断被新兴技术所探索。

比如，对虚拟世界的理解就是区块链框架下的，基于规则与算法运作的社交平台、基于区块链的数字货币与经济平台、基于UGC的内容平台。现实世界和虚拟世界不同的是，现实世界是在国家框架下基于法律与社会规范的社交、基于商品与货币自由市场的经济，自发生成的文化。虚拟世界和现实世界是完全不同的，从文字上我们能够清楚地分辨，但实际上，在虚实融生的环境下，我们是无法分辨出来的。虚拟世界虽然是基于规则算法、区块链数字货币，然而在体现上还是以复制现实世界为主。所以，现在应该算是人类仿真阶段的最高阶段，虚实不辨。

24问：综合环境的结构是否有利于元宇宙？

这个问题的答案是：有利于元宇宙发展。我们分三个层面来回答。

第一个层面，虚拟世界。虚拟世界是区块链框架下，基于规则与算法运作的社交平台，基于区块链的数字货币与竞技平台，基于UGC的内容平台。所以，虚拟世界所基于的技术要素都是元宇宙所需要的要素，比如，在虚拟世界，经济体系是通过区块链的数字货币，知识体系是通过UGC的内容平台，而整体上的运作则是基于规则和算法。

虚拟世界目前都是应用于游戏中，可以说是非常完善了，不过，游戏是中心化的产物，所以，虚拟世界只是取其技术上的优势。但是，无论怎么说，虚拟世界的发展还是有利于元宇宙在后期的发展和构建。

第二个层面，虚实界面。这一点就要靠穿戴智能设备，要从现实世界进入到元宇宙，就要依靠穿戴智能设备，比如XR的各个智能设备，VR、MR、AR等，这些穿戴智能设备能够让人通过视觉、触觉等迅速进入到元宇宙。和现在通过这些设备迅速进入游戏是一样的操作，VR的作用是在虚拟世界完全置换现实世界，MR的作用是现实环境与虚拟环境相互混合，AR的作用是虚拟世界叠加在现实世界上，给人带来不同的虚拟世界与现实世界的交融效果。

所以，穿戴智能设备的发展对元宇宙起到了一个强有力的推动作用，另外，还有就是脑机接口以及仿真机器人。仿真机器人实际上就是我们所说的 AI 智能，而脑机接口不仅仅是要用在元宇宙构建过程中，还被用在现实世界医学方面。

第三个层面，现实世界对元宇宙的推进作用，元宇宙是完全复制现实世界，所以现实世界中的一切都是元宇宙仿造的模板，比如，现实世界是基于法律与社会规范的社交、基于商品与货币自由市场的经济、自发生成的文化等，这些特点也将推进元宇宙的发展。

元宇宙也要通过法律和社会规范去规范社交，规避危险，甚至要防止犯罪行为的发生，而在经济上，整个体系也要仿照现实世界，不同的就是元宇宙将会有自己的虚拟货币，依靠区块链技术打造出元宇宙的经济体系。同时，文化和内容也将是自发或者是集体产出，所以，现实世界的环境对于元宇宙来说是非常重要的，不仅是可以利于元宇宙的构建，更是给元宇宙一个更加有逻辑、有层次的模板。

第四章　元宇宙的理论框架

25问：通往元宇宙的路径是沉浸还是叠加？

通往元宇宙的路径到底是沉浸还是叠加？首先要理解什么叫作沉浸，什么叫作叠加。

我们先来看沉浸，沉浸实际上就是万物皆备于我，说到底就是自己能够完全置身于其中。举个例子，比如一本很好看的小说，看到沉迷的时候，自己会置身于其中，与小说中的人物一同经历喜怒哀乐，又比如，一部很好看的电影，在观看的时候，会不自觉地将自己置身于情节中。

这就是沉浸，就是将自己沉浸于某一个空间中。当然，这种沉浸交互往往不会很久，因为没有视觉等刺激，很快就能够让人从虚拟的作品中出来，但是，有一种沉浸方式就很容易让人产生错觉。这就是近两年来，很流行的VR穿戴智能设备。当一个玩家戴上VR之后，他就会完全置身于虚拟世界。我们看过很多视频，现实世界里只是一间普通的屋子，这个屋子里非常宽广且没有任何障碍物，但是，戴着VR的玩家，脚下却小心翼翼地移动着，似乎是站在万丈悬崖之上。通过 VR 我们看到的游戏景象也的确如此，玩家脚下正是万丈悬崖，玩家置身其中，沉浸其中，甚至是当玩家摘下 VR 之后，还需要很长时间才能将自己在游戏中抽离。这就是沉浸式路径，基本上靠的是作品本身的吸引力，以及外在的穿戴智能设备VR，让人能够更加顺畅地进入到元宇宙。

另外一种方式就是叠加，叠加路径就是通过 AR 或是仿真机器人。AR，即增强现实技术，是一种将虚拟信息与真实世界巧妙融合的技术，运用了多媒体、三维建模、实时跟踪及注册、智能交互、传感等多种技术手段，将计算机生成的文字、图像、三维模型、音乐、视频等虚拟信息模拟仿真后，应用到真实世界中，两种信息互为补充，从而实现对真实世界的"增强"。

也就是说，通过一层层地叠加让我们进入元宇宙，比如，通过图像、文字等虚拟信息仿真后，就会有一种错觉。这种增强现实的技术能让虚拟世界和现实世界很好地融合起来，让人们能够无差别地感进入到虚拟世界。

由此可见，进入元宇宙的路径肯定不是二选一，而是双选，既可以通过沉浸，也可以通过叠加，总之，两者都可以让人更加顺畅地进入到元宇宙。

26问：通往元宇宙的路径是渐进还是激进？

很多人在看到这两个词汇的时候，可能会觉得渐进方式更加稳妥，但实际上，对于通往元宇宙来说，一直都不是一种路径。我们以游戏来讲述一下渐进式和激进式的不同。

渐进路径，以"堡垒之夜"为例，这款游戏是一款射击游戏，主要的玩法就是以第三人称出现在游戏里，也就是说，在游戏里你的身份就是第三人称，这个身份和其他同样具有同等身份的玩家一起组队，接下来就是射击、通关。大家可能发现了，这款游戏分明就是一个普通的游戏，为什么以这款游戏来说元宇宙的路径。

从游戏的进入方式，我们能够看到，这款游戏是以渐进的方式让玩家进入到游戏，有时候第一人称的作品会比第三人称的作品更具有代入感。比如看小说的时候，小说主角如果是第三人称，就不那么容易让人代入，代入感不是那么强，如果小说的主角是以第一人称，那么读者的代入感就会增强。

所以说，"堡垒之夜"是渐进式的，这款游戏让玩家进入的时候就是以第三人的身份进入，进入之后，才会越来越有代入感，甚至慢慢地把自己和游戏中的人物融合在一起。

激进路径和渐进路径相反，一开始就是以第一人的身份进入，以"Roblox"为例，这个游戏被称之为元宇宙的雏形，据说是没有剧本，没有设定的，只有开发平台和社区，让玩家自己创作。"堡垒之夜"中的人物要通过剧本进行，而"Roblox"没有剧本，而且正在打造由用户去中心化的游戏世界。这就是一步到位，激进路径一看就知道是激进的，比如，想要达到某个目的地，有的人选择慢慢走，但是有的人想要一步到位，一步到位就是激进的，所以，"Roblox"对于元宇宙来说就是激进的。

所以，进入元宇宙可以选择渐进路径，也可以选择激进路径，不管是哪个路线，都能够进入元宇宙，就好像是一个急性子的人和一个慢性子的人都要去同一个地方，不管选择哪样的方式，也不管走哪条路，两个人最终都能够到达目的地。

27问：通往元宇宙的路径是开放还是封闭？

可能很多人会觉得一定是开放的，因为元宇宙在打造一个极致开放的平台。但是，这里说的不是平台性质，而是通往路径。我们先来看一下封闭路径和开放路径都指的是什么。

封闭路径是指 photoshop 软件中路径下的一种表现形式，路径可以是与选区类似的封闭区域，也可以只是一条首尾并不相连的线段，其中与选区类似的封闭区域称作封闭路径。也就是我们所说的闭环，既然是闭环，那么肯定不能通往元宇宙。

比如，在疫情期间，一个居家隔离的人员如何去医院呢？首先，该人员要打电话给医院的发热门诊部，然后确定医院能够接收他。之后，再由医院派出急救车将该人员拉进医院发热门诊部。最后，诊治之后，该人员再由急救车送回家中。这就是一个闭环过程，也就是封闭路径。但是，这样的路径怎么能够通向元宇宙？以 Oculus 为例，Oculus 成立于 2012 年，当年 Oculus 登录美国众筹网站 kickstarter，2014 年 7 月，Facebook 宣布以 20 亿美元的价格收购 Oculus，被外界视为 Facebook 为未来买单的举措。

在 Facebook 看来，Oculus 的技术开辟了全新的体验和可能性，不仅仅在游戏领域，在生活、教育、医疗等诸多领域也拥有广阔的想象空间。对于虚拟现实技术的态度，Facebook 已经用行动证明了自己的观点，其抢购 Oculus 背后的野心已昭然若揭：“攻”可做虚拟现实领域的"苹果"，"守"可为下一个社交时代做准备。

这个过程就是一个闭环发展，且不会影响扎克伯格进军元宇宙的畅想。所以，封闭路径一样能够通往元宇宙。要注明的是，线段可以是直线也可以是曲线，或两者兼而有之。因为元宇宙的确是在打造一个极致开放的平台，所以，开放路径还是众人公认的通往元宇宙的路径。简单的说，开放路径包括游戏、社交、体育、旅游、会展、教育、购物等，由此可见，元宇宙开放路径包含了我们生活中的各个方面。

比如，大家公认的开放路径之一——游戏，游戏入口很多，目前越来越多的游戏加入到元宇宙中。游戏所打造的沉浸感，同样也是元宇宙必不可缺的要素；再比如，线上协作，也就是现在大家所认知的线上会议，通过线上会议让协作更具有沉浸感,因此线上协作、线上会议同样是进入元宇宙的主要途径之一。除此之外,不管是旅游还是教育,甚至是购物,都将成为通向元宇宙的开放路径。

不过,需要注意的是,通往元宇宙的路径包括以上的方式,单不仅限于以上方式,因为,元宇宙开放路径是更加多样化、多元化。

28问:元宇宙的物理是否是有选择的解放?

元宇宙应该是没有任何物理约束的。元宇宙是一个充满想象的平行世界,就是在现实世界里不可能完成的,在元宇宙里都可以完成,比如,我们看过很多在现实世界中完全不可能实现的,违背物理的一些现象,在影视作品、艺术作品中完成了。

但是,元宇宙是多样性的,可以出现任何现实世界中不可能出现的物理现象。对于物理现象来说,也不能是完全解放,还是要有一定的选择性。

物理世界与虚拟世界的墙正在被打破,但也应该有所界线,所以,元宇宙的物理应该是有选择地解放,但是怎么样的选择,由于现在元宇宙还没有成型,就比较难说了。

29问：元宇宙的地理是否由AI生成？

元宇宙的地理是一个庞大的系统，将会由 AI 生成吗？

我们先来了解一下 AI，这里的 AI 不是 AI 智能，而是一个绘图软件。全称 Adobe Illustrator，常被称为"AI"，是一种应用于出版、多媒体和在线图像的工业标准矢量插画软件。

作为一款非常好的矢量图形处理工具，该软件主要应用于印刷出版、海报书籍排版、专业插画、多媒体图像处理和互联网页面的制作等，也可以为线稿提供较高的精度和控制，适合生产小型设计以至大型的复杂项目。

元宇宙具有庞大的地理空间供用户选择、探索，一种发展方向是由 AI 生成现实世界所没有的地图，另一种是以数字孪生的方式生成与现实世界完全一致的地图。

Adobe Illustrator 作为全球最著名的矢量图形软件，以其强大的功能和体贴用户的界面，已经占据了全球矢量编辑软件中的大部分份额。据不完全统计，全球有 37% 的设计师在使用 Adobe Illustrator 进行艺术设计。

那么，元宇宙地理会由 AI 生成吗？可能并不是，元宇宙是开放的可编辑世界，用户可以购买、租赁土地，修建建筑物，甚至改变地形。所以，元宇宙与现实地理的重合可产生大量的虚实融合场景。

因此，元宇宙的地理有可能会采用 AI 技术，但是并不会完全由 AI 生成，毕竟想要和现实世界完全一模一样，还需要其他技术的辅助。

30问：元宇宙事理的逻辑关系是什么？

逻辑关系即"依赖关系"，是指在人类活动中和思维活动中，概念之间的逻辑关系、命题之间的逻辑关系、事物之间的逻辑关系，时间之间和空间之间的逻辑关系。表示两个活动（前导活动和后续活动）中一个活动的变更将会影响到另一个活动的关系。

那么，在元宇宙中的逻辑关系是什么样的？

以真人为例，进入到元宇宙中，可以通过多种方式赢得在元宇宙中的奖金，比如，购买虚拟服装，参加虚拟社团，在参加社团之后有了新的社交，并且可以组织一些游戏比赛，这些比赛最终的奖品会体现为虚拟货币，比赛中所获得的奖品可以兑换成为虚拟货币，或者是在比赛中，出售自己设计的道具以获得虚拟货币，虚拟货币是能够通过转化为现实货币并变现的。

此外，还可以通过消费参加虚拟演唱会，通过参与演唱会获得相关任务，然后再完成任务，从而获得奖金，奖金以虚拟货币的形式在元宇宙账户里，同样可以做到虚拟货币转化为现实货币。最后，还可以通过劳动力再生产获得奖金。

以上就是元宇宙世界的逻辑关系，举个例子，在现实世界中，一个人除了拥有一份工作之外，还可以做很多兼职，比如，空闲时间可以去送外卖；可以通过在网上接单做一些技能所长的兼职；可以通过参加一些活动，在活动现场出售道具等。总之，只要有决心，有时间就能够做多份兼职，最终达到的目的就是赚钱。

同样，在元宇宙上，相比现实世界，赚钱的时间和空间更容易切换，而时间和空间的随意切换，也将是重塑元宇宙逻辑关系的要素。

31问：元宇宙的心理是认知还是认同？

看到这个问题，可能很多人觉得先要认同，才能认知，实际上，应该是从认知到认同。

认知是什么？是指人们获得知识或应用知识的过程，或信息加工的过程，这是人最基本的心理过程。它包括感觉、知觉、记忆、思维、想象和语言等。人脑接受外界输入的信息，经过头脑的加工处理，转换成内在的心理活动，进而支配人的行为，这个过程就是信息加工的过程，也就是认知过程。

人的认知能力与人的认识过程是密切相关的，可以说，认知是人的认识过程的一种产物。一般说来，人们对客观事物的感知（感觉、知觉）、思维（想象、联想、思考）等都是认识活动。认识过程是主观客观化的过程，即主观反映客观，使客观表现在主观中。

认同又是什么？意指个体向比自己地位或成就高的人的认同，以消除个体在现实生活中因无法获得成功或满足时，而产生的挫折所带来的焦虑。从定义来说，认同可借由心理上分享他人的成功，以为个人带来不易得到的满足或增强个人的自信。

所以，先有认知才能有认同，在心理上不管前提条件是不是元宇宙，都是一个先认知后认同的过程。当你对一个事物有了认知，之后才会产生认同感。

元宇宙也是如此，你首先要知道元宇宙是什么，了解了元宇宙之后，你对元宇宙就有了初步的认识，在这个基础上对元宇宙有了认知感，这份认知包括感觉、知觉、记忆、思维和语言等各个方面，当你对元宇宙有了认知，才会逐渐升华为认同。

认同看似是前提，实际上从心理上来说是进阶，也就是你在知道了解的前提下才会出现认同心理。就好比，你不认识一个人，你怎么去认同他，你对一个人的认同，往往是你了解这个人，对他有了更多的认识，这些认识作为判断条件，最终形成你对这个人的认同。

所以，元宇宙心理也是一样，要从认知到认同。

32问：元宇宙是否亟须立法监管？

当然需要立法监管。不过，现在元宇宙还没有成型，因此，还有充足的时间对元宇宙进行立法监管的考虑。

元宇宙可能面临什么样的风险呢？

比如，具有赌博、经济诈骗、隐私泄露、谣言、暴力、恐怖主义、极端主义、资本剥削、网络犯罪等，是不是感觉这就是现实世界？的确，元宇宙肯定会和现实世界一样，存在着诸多风险，在现实世界里有法律法规监管这些风险，那么元宇宙也应该立法立规来监管风险。

元宇宙需要建立警察局等政府机构进行管理吗？事实上，元宇宙更需要通过技术进行管理，比如，货币监管，因为区块链技术的发展，货币监管已经可以说有了比较全面的解决方案，这个方案也是比较完善的，但是对于其他的各项，如何保护数字个人，如何对内容进行审查，现实世界里会有相关的机构来完成这件事，但是在元宇宙就只能依托技术管理了。

越来越多的技术成为元宇宙规避风险的出发点和基本点，然而现在的问题是元宇宙还没有成型，所以，立法监管这件事虽然非常重要，但还没有提上日程，元宇宙构建必将不是一个短期内的事情，监管等环节要在技术发展过程中就要作为目标融入技术开发中。也就是说，如何规避风险也是开发元宇宙相关技术必须要重视的问题,一定要有更好的解决方案解决元宇宙隐藏的风险,最终实现一个相对健康、安全的元宇宙环境。

33问:元宇宙的价值到底是什么?

元宇宙的价值体现在很多方面,具体有以下四点:

第一点,场景融合,说白了就是虚拟现实技术带来的体验感,在现阶段还只是以游戏为主,但是未来,会不会给人们带来更真实的、更贴合生活的体验呢?比如,一个人的挚爱去世了,这个人就陷入了无限的悲痛之中,对人生没有任何希望。这时候,虚拟现实技术将他带入到元宇宙,在元宇宙,这个人是否可以打造出一个与逝去爱人一样的化身,然后依托自己的情感。

其实,这一点的应用也不是新事物,通过虚拟现实技术的结合,可以看到已经逝去的长辈,并演绎一幕幕的不同世界中两者的交流。可见,这样的技术并不是天方夜谭而是可以实现的,这也算是元宇宙价值体现的一方面,推进了一些可以改变现实生活的技术。

第二点,社交场景,现在我们沟通靠的是通信设备,但是未来我们或许能够通过元宇宙,比如,2021年英伟达发布会上竟然是一个虚拟人,谁能看出来呢?从细微的表情到动作,看上去完全就是一个真实的人。笔者认为,英伟达所打造出来的虚拟人,将是现实世界人类在元宇宙上的化身。

除此之外，不同场景下的交流，比如同学会，随着时间的推移，大家慢慢走上了不同的人生，联系也少了。如果是在元宇宙，不必在意空间和时间，随时就能聚一聚，那么，纯粹的同学情就可能会继续延续下来。所以，元宇宙在社交上的作用将会是无可比拟的。甚至于，一些在现实世界有社交恐惧的人，或许在元宇宙能够更好地进行社交，提升自己的社交能力。

第三点，元宇宙因为和现实世界一样，势必也会有比较先进的电商体系，我们把消费者对于购物主要需求大致是可以分为多、快、好、省、信息维度、愉悦感这六大类，但是我们看现有的电商平台、线下卖场，无论哪一个单一渠道，它都不能同时满足这六种需求。原因就是在很大程度上被技术限制了。网购满足了多、快、省，但不能提供线下逛街的触感和使用体验。便利店快，但是不多，也不一定好。而元宇宙能提供的消费方式则是非常有可能同时满足这六种购物需求的，你的选择会更多，又能有触感，到时候可能并没有明显的线上线下的区分，因为云逛街和线下逛街的体验是差不多的。

再加上一个商品信息能从更多的维度展示出来，买衣服差不多可以达到直接上身试穿的效果，买家具的话，你可以直接投射到家里，看看风格、大小等。这样的话，退货率就会低很多。所以，元宇宙对于电商体系来说，是推动其更健康发展的助力者。

第四点，身体健康。现代社会中，人们越来越重视自己的身体健康和安全，尤其是面对现实世界中一些刺激的运动不敢尝试，如果是在元宇宙，至少会尝试一下在现实世界中不敢尝试的极限运动。但是，在虚拟空间里完成运动任务，是否会有助于转化到现实世界呢？这就需要穿戴智能设备的助力，如果依托穿戴智能设备，就可以让自己身体处在现实世界跟着运动，提升了运动的效率。

通过以上几点，可以看出元宇宙是具有一定价值的，但是价值包括但不限于上面所举例的每一个点。元宇宙的实现会产生很多社会价值，让每个人都可以受益。

这也是在推动整个社会科技发展、技术更迭的过程。

34问：元宇宙的价值来源于哪儿？

元宇宙具有价值，但是价值来源于哪儿？也要分几点阐述：

第一点，来源于参与。在元宇宙参与感非常重要，是元宇宙体现的基本所在，参与是排他性的，参与是稀缺性的，参与是产品的生命。参与是排他性的，具有自己独立思考和独立行为的能力，每一个参与到元宇宙中的个体都是独立存在的个体，就像是由点辐射圆一样，参与是元宇宙价值来源的第一个方向。参与还具有稀缺性，是产品的生命，如果缺少参与，那么产品的寿命就会很短，这一点非常好理解，一个拥有五百万注册用户和一个拥有五十个注册用户的平台，谁会先倒下，肯定是只有五十个注册用户的平台，因为参与度不够，所以产品的生命就比较短暂。

第二点，化身形象。现实世界中的每一个人到元宇宙都必须有一个化身，这个化身将以自己最喜欢的形象出现，或者说这个形象必须是按照自己内心深处最希望自己成为的形象塑造，从外貌到性格再到人设，那么，这一点就体现出元宇宙所有的体验都是围绕着用户的化身展开的，化身的形象是元宇宙中自我呈现与自我认同的重要方式，化身的形象也将成为备受资本关注的领域，因此化身也是元宇宙价值的来源。说白了就是以人为本，就是在元宇宙获取人口红利，元宇宙虽然没有构建出来，但是元宇宙中化身形象的概念已经吸引了全球网民的关注以及资本的关注，这就是元宇宙的价值来源，简单来说就是四个字——以人为本。

第三点，土地经济。有这样一则新闻报道，称有人在类似元宇宙的虚拟空间买下了一块地，花的是真金白银，这让人很不解，为什么花那么多钱在虚拟世界买房买地？因为地理空间的天然稀缺性以及产业集聚效应，让更多的人觉得在现实世界中无法实现自己想要拥有更多资产的想法。而且，少数地区集中了大部分用户活动，这就导致大家都亟待需要一块属于自己的地。早在十多年前，就有人花很贵的价格买下了一个海洋中的岛屿，实际上就是体现了地理空间的稀缺性。现在，元宇宙中的土地价值高度分化，吸引了大批有实力的人抢占先机。

第四点，场景化社交。这一点也是元宇宙价值的来源，元宇宙具有即时通信的特点。你和朋友在元宇宙，本来一个是住在北半球，一个住在南半球，如果是在现实世界中，两个人见一面，哪怕是现在这样的交通工具也要花费一天的时间，买机票、中间换乘等，但是在元宇宙，只需要一分钟，他就会出现在你的眼前，这就是即时的场景社交。因为在元宇宙，可以跨越时间和空间，通过共享时空做到即时互动。

由此可以说，元宇宙的价值来源是来源于各个方面，我们上面所举出的例子包括在其中，但绝对不是全部，在元宇宙陆续被构建的过程中将会出现更多的价值。

35问：元宇宙如何搭建多维空间？

我们通常所说的空间概念，是指由长、宽、高组成的三维空间。时间本身具有维度的某些特点，例如一条时间轴可以连接无数个三维空间，因此可以认为我们生活在三＋一维时空（四维空间）中；但时间与长、宽、高却是有很大区别的，例如时间单位与长度单位是不一样的，因此这不算真正意义上的多维空间。由于光子只能在三维空间中传播，人的肉眼无法看到其他可能存在的维度，这就使得对多维空间的探寻非常困难。但是，众多的科学家、物理爱好者和科幻迷还是提出了各种有关于多维空间的理论。

在平行宇宙理论中，由于存在着无数多个三维宇宙，这些宇宙并不能通过长、宽、高或者时间进行相连，只能通过另外一条维度进行连接，因此平行宇宙本身至少就是一个四＋一维时空（五维空间）。

所以，多维空间就是多重维度的空间。那么，元宇宙是如何搭建多维空间的？

2007年时，曾有人提出两个概念，一个是三度空间，一个是虚拟时空隧道。

三度空间，也被称之为三维空间，日常生活中可指由长、宽、高三个维度所构成的空间，是我们看得见、感受得到的空间。三维的东西能够容纳二维。三维空间的长、宽、高三条轴是说明在三维空间中的物体相对原点O的距离关系。将一些橡皮绳按经纬线的样式编成一张网，将之张平，我们可以将之看作是二维平面，然后将一个小球放在网上，橡皮网在小球的重力作用下凹陷，这就形成了三维空间。

虚拟时光隧道，既有互动投影技术的视觉震撼，又有增强现实技术的逼真效果，以及5G技术的支持，堪称是汇聚了三大最新技术的超级互动装置。时光隧道主要是展示未来5G技术的力量，体验者通过手势可触发隧道内部的灯光动画。当然，这个隧道是时间、空间概念的呈现，让我们仿佛置身于巨大的宇宙，它内部的无限空间有种强大的磁场力量，把人的意志完全吸入到其中，让我们陷入万物诞生之初的混沌时刻。

这是虚拟时光隧道给体验者打造出来的真实体验，那么，元宇宙想要搭建多维时空，就需要有时光隧道，这个时光隧道像是一个连接器，能够让元宇宙上的个体通过隧道到达任何一个自己想要到达的空间和时间。

如何搭建三维空间以及时光隧道？肯定是要依托各种技术，通过对人的视觉、触觉进行错觉引导，让人能够顺利进入元宇宙，并且在元宇宙打造的多维空间里穿梭。因此，元宇宙的多维空间靠的是技术，而目前的技术，不管是互联网技术还是通信技术、终端技术等，暂时是达不到的，不过，一旦出现能够实现元宇宙打造多维空间的技术，将给每一个人带来全新而刺激的体验。

第五章 对元宇宙的几点展望

36问：为什么说元宇宙是虚拟与现实的全面交织？

我们可以从以下几点来分析：

第一，元宇宙是虚拟与现实的全面交织，因为元宇宙本身是建立在网络上的虚拟世界，元宇宙想要构建和现实世界一模一样的平行世界，不管是从一花一草一树，还是从城市建筑的角落，都想要复刻整个现实世界，并且也将会从个体的人到经济等体系都会复制现实世界，所以，元宇宙是虚拟与现实的全面交织。

第二，元宇宙时代无物不虚拟、无物不现实，虚拟与现实的区分将失去意义，这一点让身处在元宇宙中的个体会产生一些错觉，就是不知道自己所生活的世界哪个是真实的哪个是虚拟的，比如，在现实世界中生活在某个城市中的人，发现在元宇宙也存在同样的城市，不仅有着相同的建筑物，甚至街边的餐馆都是一模一样，走在元宇宙恍如走在现实中。

第三，元宇宙将以虚实融合的方式深刻改变现有社会的组织运作，现在的社会组织有一定的规律，但是在元宇宙就会打破这样的规律，重塑社会的组织运作。举个例子，以职场来说，现在的行业越来越多，但是行业与行业之间的关联越来越紧密，那么在元宇宙，也会拥有更多的行业，但是行业之间特性会更加突出。另外，社会组织方面也会比现实世界更加细分化。

第四，元宇宙不会以虚拟生活替代现实生活，而会形成虚实二维的新型生活方式，元宇宙不是单纯的虚拟，而是会改变现实世界的生活方式。如果只是以虚拟生活代替现实生活，其实是开放多人游戏所在做的事情，但是元宇宙是从技术上到理论上都是远远丰富于开放多人游戏的，所以，元宇宙是想打造出一个不同于现实世界的生活方式，能够提供给人们更多的生活方式，更多的人生可能性。

第五，元宇宙不会以虚拟社会关系取代现实中的社会关系，而会催生线上线下一体的新型社会关系。因为现实世界的国度之分，不同国度拥有不同的制度，不同的制度维系着不同的社会，所以，在现实世界中，总会有这样或那样的约束力，然而元宇宙将会打破现实世界的约束力，让更多人处在一个一致的制度中。这一点有点像是玩游戏，虽然各自有各自的规则，但是总体规则是一致的。因此，元宇宙如果真的如愿发展起来，势必会催生线上线下混为一体的新型社会关系，但是这一点的难度也将是最大的。

第六，元宇宙并不会以虚拟经济取代实体经济，而会从虚拟维度赋予实体经济新的活力。这一点还是有据可依的，毕竟现在区块链技术已经趋于完善，经过时间的洗礼，除了比特币、以太币等，很多师出无名的虚拟货币也都被筛选出局，这一点也说明了虚拟经济不会取代实体经济，只会赋予实体经济新的活力，比如虚拟货币成为投资中的重要角色，丰富了现实世界中现实经济中的投资渠道。

第七，随着虚实融合的深入，元宇宙中的新型违法犯罪形式将对监管工作形成巨大挑战，如果说元宇宙唯一不可控的，应该就是在监管上，毕竟每个人在元宇宙都只是一个化身，而非本身，所以，可能会催生一些胆大妄为的违法违规行为，对监管工作形成巨大压力。但是，元宇宙的监管工作还是依托技术，所以，在研发技术的同时，要考虑到相关技术一定要解决一个风险，由此类推，就有可能会随着技术的发展，监管能力也会有所提升。

总体来说，元宇宙的确是与现实世界全面交织在一起，从经济到生活，每一处都与现实世界息息相关。而大家之所以关注元宇宙，也是对一个全新的创世界拥有期待。

37问：元宇宙如何加深思维的表象化？

要加深思维的表象化，就要从表面开始了解元宇宙，透过现象再去探讨本质。

在思维活动中，对同一种事物我们每个人有着不同的见解，比如，有的人考虑问题非常深刻，从而能够把握到事物的本质；同时，也有的人看问题并不深入，只看到事物的表象。以元宇宙来说，有的人看到的是元宇宙的出现将会对我们所生存的现实物理世界有怎样的影响，但是，有的人却局限于元宇宙的出现是否能够带动新一轮的投资风口。

为什么同样面对元宇宙概念，大家所关注问题的深浅不同，实际上就是由于每个人思维模式不同，有的人将注意力集中在事物的表象，更关注表象层面的问题：元宇宙会不会带动5G普及、元宇宙技术是否会成为新的投资风口等；但是有的人将注意力集中于事物的本质上，元宇宙的出现到底对我们的生活、工作、学习等各方面会有怎样的影响等。因为思维着眼点不同，造成了思维深度不同。

我们这个问题是想要讨论元宇宙如何加深思维的表象化，其实就是对于一般人来说，面对元宇宙概念的时候，实际上没有必要思考事物的本源和本质。尤其是对于目前而言，元宇宙仅仅作为概念出现，最重要的不是说更深层地思考元宇宙对人类社会、对现实物理世界的作用，而是要通过浅层面的认知推广元宇宙，让这一概念加深传播力度。让越来越多的人知道元宇宙，越来越多的人了解元宇宙，才有可能会使得越来越多的人参与到元宇宙之中。

那么，如何加深元宇宙的传播力度？我们从三个方面分析：

第一，让每一个人都成为元宇宙的参与者。实际上，很多人听过"元宇宙"这个词汇，但并不知道"元宇宙"到底是什么。因此，就需要利用新媒体、传统媒体等多种媒体渠道宣传"元宇宙"。当更多的人对元宇宙这个概念产生兴趣时，就会愿意参与进来。

第二，利用热点对元宇宙概念进行推广和宣传。虽然，元宇宙不是一件商品，但是，与元宇宙相关的热点自 2021 年下半年开始也是层出不穷。Facebook 母公司改名、扎克伯格召开虚拟会议、抖音斥资十亿人民币收购 VR 公司、沙盒游戏备受新世代们所青睐等，这些新闻事件，吸引了大家的注意力，从而通过这些热点新闻进一步了解元宇宙，并扩大、加深了元宇宙的宣传力度。

第三，在营销方式上选择引发受众共鸣。元宇宙是想要构建出一个与现实物理世界平行的世界，能够让现实中的每一个人都有一个虚拟的自己，从而在元宇宙开始以自己意愿为主的人生。那么，在宣传元宇宙的时候，实际上是可以让受众对未来产生畅想，现实中无法实现的人生能够在元宇宙中实现。另外，如果说构建元宇宙比较遥远，那么就可以通过浅层面宣传与受众有着直接利益关系的点，比如投资元宇宙是否能够让自己处于投资风口？

所以，现在来说，能够从浅层次推广元宇宙、宣传元宇宙，让更多的人了解元宇宙才是重中之重。探讨元宇宙本质等更深层面的内容，则至少应该是具备了构建元宇宙的技术之后再考虑的内容。所以，如何加深思维表象化，还是要从加深宣传力度着手。越是一目了然，一看就明白的概念和事物，越能够被更多人所接受和了解。

38问：元宇宙会不会遭受资本剥削？

元宇宙目前只是一个概念，我们还无法判断元宇宙会不会遭受资本剥削，但是值得我们警惕的是，在垄断张力下的元宇宙，很有可能会发展成为资本剥削的新场域。

对于这个问题，我们从三个方面来看：

第一，现在元宇宙所需要的技术已经呈现出明显的资本垄断，以韩国为例，大型财阀掌控着研发元宇宙所需技术主动权，即便是在我国，从资本角度来看，一些收购 VR 等技术公司的资本都是我们耳熟能详的互联网大鳄。

这就说明，元宇宙所需要的技术已经展现出其垄断性的一面，此外，元宇宙由资本主体推动建构的社会现实使得元宇宙存在着巨大的垄断张力，在缺乏有效监管和充分竞争的社会条件下，被垄断的元宇宙可能发展成为资本剥削的新场域。也就是说，资本主体会通过技术无偿占有元宇宙世界中的用户信息数据，而私人数据也将成为资本主体谋取资本利益的重要资源。

第二，因为私人数据被资本主体所占有，因此，资本主体会利用数据的分享增值性、共享性特征，将部分技术与数据资产去中心化、去组织化，允许用户免费获取分享资源、共享技术平台，发挥数据的分享增值功能。也就是说，资本主体就可以凭借其对核心技术和数字资源的垄断地位无偿占有和强制剥削用户创造的剩余价值，简单地说就是对元宇宙中的用户进行资本剥削。

第三，我们要明确一点，在元宇宙中，资本剥削是具有隐蔽性的，数字智能技术的创新发展和广泛应用，在一定程度上为资本的隐蔽剥削提供了技术可能。

在元宇宙中，并不是直接剥削的方式，而是通过算法和人工智能完成对元宇宙中用户的剥削，这种剥削方式一是隐蔽，二是降低剥削成本。但是元宇宙中的资本剥削就是源于元宇宙的垄断张力，尤其是未来随着元宇宙的逐步构建，如果不能提前缓解元宇宙的垄断张力，那么，随着元宇宙世界的不断扩展，资本或将在社会生产和生活的各个方面实现对人们的全方位侵蚀与控制。

39问：为什么说元宇宙去中心化机制不等于去中心化结果？

元宇宙最美好的愿景就是打造去中心化机制，但是去中心化机制不代表，也不等同于去中心化结果。比如某个企业有保护劳动者利益的规章制度，但是规定的劳动时间是"九九六"。这时候就出现了这个问题，企业有劳动者权益保护制度，但却没有保护劳动者的权益。

同样的，元宇宙是有打造去中心化机制，但不一定拥有去中心化结果。或许说，元宇宙不可能会出现真正的去中心化，就以现在资本介入的速度和量来看，机制可能会有，结果未必如愿。接下来，我们就具体来看看为什么不一定拥有去中心化结果。

第一，组织逻辑。元宇宙的底层是P2P点对点互联的网络，从而在逻辑上绕过了对平台中介的需求，对建立在集中化、科层化原则的组织结构形成了挑战。也就是说从底层逻辑上，从平台中介需求上，就不可能实现去中心化的结果。说到底，因为元宇宙构建的过程不是公益的，是大量资本介入之后的结果，所以，去中心化实际上是在损害资本的利益，因此，从逻辑上行得通的去中心化机制，但是从构建过程中所涉及的资本来说，机制和结果就是两回事。

第二，内容生产逻辑。作为"大规模参与式媒介"使得元宇宙的主要推动力来自用户，而不是公司，元宇宙是无数人创作产生的结晶，是用户创作的成果，是没有剧本，没有设定，走一步算一步的平台。这就是元宇宙去中心化机制想要创造的一个平台，但是，这个平台真的能够实现吗？首先知识产权这一关就无法过，集体知识产权这一关更难过，也就是说从具体上来分析，有些事物无法脱离中心化。

第三，分配结果。在实践中，虚拟货币的持有量越来越向大户和机构倾斜，这又带来分配结果上的中心化和垄断。元宇宙现在开始成了投资者的目标，往后更会如此。元宇宙未来所需要的虚拟货币，是否也会走上比特币的老路呢？虽然，虚拟货币有区块链技术支持，但虚拟货币最终还是会脱离技术，成为夹裹着中心化和垄断的产物。

第四，市场竞争结果。在内容市场趋向充分竞争的过程中，资本将寻找优秀的内容创作者予以支持，如果平台没有可观的变现机制，就不会有越来越优秀的内容，优质内容与大型资本的绑定将越来越牢固。也就是说，平台和资本最终会在元宇宙进行一场博弈，优质内容如果代表的是去中心化机制，那么资本必定是代表着中心化结果，两者之间的博弈，最终决定元宇宙，是按照机制发展，还是按照既定结果发展。

现在来看，元宇宙的确是想要打造成为去中心化，也是希望通过去中心化机制来实现这一愿望，但是，去中心化结果是否会实现，并非只是取决于元宇宙所采用的技术，更大程度上取决于关注元宇宙的资本。

40问：元宇宙与国家存在深刻张力的关系吗？

这是一个理想化的伪命题，元宇宙不管怎么发展都只是一个平行虚拟宇宙，元宇宙不可能影响真实世界，因为元宇宙不可能影响全世界六十亿人。因为元宇宙的基础是5G通信技术。也就是说5G一旦消失，元宇宙也就被按下了暂停键。

全世界那么多的国家，国家有着不同的制度，不同制度下的国家有着各自独有的社会制度，社会制度下呈现出多样的社会。这是真实世界，而虚拟世界呢？如果每个国家都在元宇宙搭建自己的政府，最后会出现什么情况？

抢占能力比较强，又下血本的国家在元宇宙拥有了大量的土地，比如，现实世界中的某些小国家，在现实世界中可能占地面积不到中国的一个省会城市大小，但是，在元宇宙占地面积却要比美国占地面积还要大；同样，比如一个君主立宪制国家在元宇宙中抢占了非常多的土地，觉得自己能够一统元宇宙，那元宇宙会不会和现实世界一样，因为占地等问题爆发战争呢？

现实世界中，每个国家之间都有着较量，有着深刻张力，更不要说虚拟世界中了，虚拟世界中的国家是不会与现实世界中的国家混淆的，比如，在虚拟世界中强大的国家可能在现实世界中微不足道。这样的差别如何产生深刻张力？

此外，元宇宙是想要打造去中心化，但是，比如韩国投入几千亿韩元，它希望元宇宙去中心化吗？未必，大家看重元宇宙，就像是看重外太空，谁有技术，谁有资本就去占领，先占领的人总有优势。在元宇宙，恐怕建立之初就会出现"抢地盘"的事情。我们需要清楚的是，元宇宙发展得再大再快都离不开它的本质——游戏，它的概念被升华得再高，也就只是一个与现实世界平行的虚拟世界，元宇宙是"假"的，就像是我们之前谈论区块链等技术一样，元宇宙不过是一个技术应用。

元宇宙对于国家来说，没有任何实质意义，甚至很容易被国家所管制。所以，元宇宙不可能与现实中的国家存在张力关系。

41问：元宇宙能否打开巨大的市场空间？

元宇宙所涉及的产业非常多，在未来只会越来越多，所以元宇宙可以打开巨大的市场空间。现在，资本频繁介入，就已经说明元宇宙是具有市场性的。不过，需要注意的是，现在的元宇宙还处于存量市场。

存量市场，实际上就是市场发展的前期，所有产业在发展之初都是由存量市场开始的，包括计算机产业也是如此，只要是能够发展到增量市场，基本上就会开启巨大的市场空间。

以计算机为例。计算机刚开始出现的时候，也只是一个非必要品。在中国，大概是在上世纪九十年代，计算机才开始普及，当时最火的培训学校就是计算机培训，那时候想要开机需要掌握DOS系统，也就是输入指令才能让计算机开机，然后想要做什么都要输入指令。

但是，短短几年时间，计算机就已经不需要这个老套的系统了，然而这一时期还是属于存量市场，包括帕累托原则在内，就是二八定律很明显，这一时期还有内卷。就好像是，在智能手机出现时，国内很多厂家不是在手机性能上下功夫，而是在宣传上下功夫，今天你请了某个顶流明星，明天我就赶紧再请一个同等价位的顶流明星，内卷非常严重，然而对

79

于产品、产业、企业等方面来说，一点用处都没有，这就叫做存量市场。

接下来，电脑开始进入增量市场，电脑品牌增多，电脑开始注重性能提升，还是和手机一样，不注重性能提升的品牌基本上就没有再进一步发展的可能，而在性能上、技术上下功夫的手机品牌，反而慢慢成为产业巨头，这时候，该品牌或该产业就开启了更大的市场空间。

元宇宙现在正处于初期，甚至说是前奏期，所以，这一时期的元宇宙存在帕累托原则、零和博弈、内卷等是非常正常的表现。至于它会不会打开更大的市场，还是源于它是否能从存量市场转化到增量市场。

42问：元宇宙会不会催生新型社会？

这个问题不好说，应该从两方面来看，第一个方面就是要知道什么是新型社会，和我们现在的社会是不是一样呢？

元宇宙会催生出一个比现在社会更新型的社会。新型的社会是什么样的？很难想象，也并没有确切的一些理论支持，大概具有重民生、重协作、重创新、重基层等特点。

元宇宙如何催生新型社会？是要在元宇宙的虚拟世界，让所有的人都生活在以上四点为特点的社会中？

笔者认为，催生新型社会多少都带着一些理想主义，乌托邦精神，因为新型社会没有一个区别于目前现实世界中社会的理论，难道说没有犯罪的社会就是新型社会，如果这样，元宇宙是无法催生出来的。个人认为，元宇宙是无法达到的，原因就是新型社会没有更加具体的理论依据，没有让人能够看到与现在社会发展截然不同，甚至是大有进步的社会模型。

第二个方面，我们未来的世界将会走向何处？现实世界还会沿着现在的路继续前行，元宇宙的世界，或许会引导人类积极探索内心世界，在虚拟世界创造理想生活。能够确定的是，伴随着元宇宙的发展，未来可能会形成一种虚拟世界与现实世界高度互动，衍生出一种在观念、习惯、技术、思维等层面相互补和平衡的"双世界"文明形态。没错，元宇宙可能会出现新型文明，但现在谈论新型社会，就连照猫画虎的"猫"都找不到。

43问：元宇宙新型犯罪能否被法律制约？

很多人把元宇宙想得太理想化了，我们从以下三个方面来阐述一下：

第一，元宇宙的双重规则。元宇宙中的元规则至少应包括技术规则与社会规则。一方面，元宇宙是依托软硬件技术形成的虚拟世界、技术世界，需要遵守支撑整个元宇宙世界存在的技术规则。代码、算法、存储运行设备等是构成元宇宙的基本要素，某种程度上来说，科技是元宇宙的造物主，只有遵守科学技术的规则，元宇宙才能存在。同时，作为技术规则存在的元规则可能是确定且不可修改的。另一方面，元宇宙只有在人类参与后，才成为完整的元宇宙。社交是人类的基本需求，人类必将在元宇宙中建立起新的社会，这种新生的社会，需要一种元规则的存在，这种规则可以是写入代码中的，也可以是只存在于元宇宙社会中的。同时，元宇宙与现实社会有着紧密的联系，只有发现或创设了元规则后，元宇宙才能和现实社会建立起稳定的良性关系。

第二，元规则的制定者，元规则的制定需要每个元宇宙主体的参与。从社会发展的历史上来看，传统意义上规则的制定者往往是主权国家，并且专属于主权国家，在互联网时代，科技巨头则对规则制定产生了不可忽视的影响。

在元宇宙中，国家与科技巨头可能都会对元宇宙规则的制定产生影响，但可能没有一个主体能在元宇宙中拥有绝对的规则制定权威。如此，元规则的制定者就具有了更多的可能性，也就是需要更多个体的参与。在元宇宙中，每个个体都可以是元规则的制定者，这也意味着，元规则很可能是元宇宙中每个个体的共识。

第三，元规则的形成主要依靠群体共识，同时也需要充分考虑现实世界的规则。元宇宙是一种分布式数字世界，即去中心化的世界。在去中心化的模式下，主导整个世界的是群体共识，即群体共识就是元规则。群体共识本身也是以分布式存在的，没有主体能够控制群体共识，它可以因为某种原因建立的，也可以一哄而散，维系群体共识模式存在的基础是信用。正如国际法与行政法领域的"软法"概念，元规则本身也是分布式的，从长期来看，并不会有永远适用于元宇宙的元规则存在，但从阶段性来看，元规则又总是清晰有效的。

可见，元宇宙与现实世界有着无法割断的联系，但是元宇宙的犯罪是否能被现实世界法律所制约，可能比较难。因为元宇宙是要打造一个与现实世界一模一样但每一个个体又都完全与现实世界分割的平台，要记住，元宇宙居民与现实世界居民，是完全没有关联的，这才是元宇宙提出的每一个在元宇宙的个体都是现实世界中个体的化身。

44问：元宇宙的资本家是不是可以"压榨""玩工"？

元宇宙现在还没有完善的雏形，却已经开始展现出其资本性质，所以，这个问题的回答是肯定的，但是用"压榨"这个词有一点重，就像是现实世界中资本家尽其所能地让工人多干活。我们可以从三个方面来分析一下：

第一，元宇宙中的"人"，也就是与现实世界独立存在的化身，元宇宙中的人主要指现实世界的人借助技术手段在元宇宙中拥有的虚拟存在。由于元宇宙并不会对虚拟存在的数量进行限制，因此现实世界的人在元宇宙中往往会拥有多个对应的虚拟存在。同时，由于元宇宙具有匿名化的特征，即使每个现实世界的人只拥有一个对应的虚拟存在，在元宇宙中也可以以多种身份活动。这些人会受到资本的压榨吗？或许是在无形之中，比如，让你在元宇宙购买房屋土地，甚至是购买一些虚拟的道具，看似是让你自愿，但是缺少这些东西，你在元宇宙就像是一个流浪者，所以，很多人都会用虚拟币购买，这里谈不上压榨，只能说是和现实世界一样，抬高房价然后狠狠地赚取每一个人在元宇宙的投资。

第二，元宇宙中的"组织"既可能是现实世界组织的延伸，也可能是独立于现实世界的。元宇宙中的组织至少包括两种类型：一种是作为现实世界组织的延伸而存在，另一种是完全存在于元宇宙中。这些组织也可能会在元宇宙这个虚拟世界发起对每一个个体的"压榨"。元宇宙中的个体都是虚拟人，比起现实世界中的人来说，可以不吃不喝不睡觉，所有吃喝睡觉等设定都只是现实世界每一个人给自己的仿照行为。所以，元宇宙中的组织可能都不需要对"九九六""零零七"有什么样的解释，而是直接压榨每一个人的时间。要知道，被压榨的不一定是金钱，还有时间、体力等。

第三，元宇宙的"原住民"，也就是在现实世界中真实存在的个体，"人工智能"等可能存在的元宇宙原住民会使元宇宙面临的主体问题异常复杂化。元宇宙也可能有着自己的原住民。随着元宇宙的逐步建成，"人工智能"也可能以独立主体地位出现在元宇宙中。进一步来看，"人工智能"作为元宇宙的原住民，也可能组成完全存在于元宇宙中的组织，这就使得元宇宙中的元规则设立面临更大的挑战，也使得元宇宙中的责任主体问题进一步复杂化。

重要的是,原住民也是会被资本压榨的,只要你想在元宇宙过上和现实世界一样的生活,比如要去上班,这就预示着你在元宇宙中会遇到和现实世界一样的职场"压榨"。

产业篇

第六章　元宇宙的技术底座

45问：元宇宙的技术底座是什么？

第一，芯片技术。芯片技术是一项新兴产业，主要分有基因芯片技术、倒装芯片技术、生物芯片技术、组织芯片技术、蛋白质芯片技术、蛋白芯片技术、DNA芯片技术、液相芯片技术、芯片封装技术。

芯片是构建虚拟世界的"核芯"，没有芯片，就没有了元宇宙虚拟世界存在的物理载体。别说元宇宙，就连我们平时用的手机，一旦没有了芯片支持，手机就废掉了。对于元宇宙来说，芯片技术同等重要。

第二，网络通信技术。元宇宙在本质上还是属于网络，没有网络化，没有社交，只有单独的个体，就不会存在所谓的元宇宙。元宇宙依赖于网络通信技术的快速发展。随着5G以及更高级技术的发展，在元宇宙虚拟空间感知的实时性体验也会大幅提升。

网络是元宇宙的根本，离开网络，就没有实现的可能。

第三，虚拟现实技术。包括VR、AR、MR、XR等，可以提供在现实世界与虚拟世界的桥梁，无缝衔接现实与虚拟。这就是我们所说的穿戴智能设备，就像是现在通过 VR 能够让自己置身于游戏中，好像是身临其境，但是摘下来就立刻回到现实。

元宇宙之后也是要依靠这样的穿戴设备让人置身于元宇宙，实际上就是一个沉浸感的提升，越来越多的游戏开始让玩家置身其中，只有置身其中才能更加投入。就像是我们在 2D 界面下玩游戏是不具有沉浸感的，而在 3D 界面的时候就很容易置身其中一样。穿戴智能设备会迎来很大的发展，是让人在虚拟与现实之间任意穿梭的技术。

第四，游戏技术。游戏是元宇宙的起始，从现在发展的内容看，只有游戏本质上相对更接近元宇宙的概念，尽管相对初级很多。游戏技术包含了游戏引擎、游戏代码以及多媒体资源等内容。这并不是说元宇宙就是游戏，而是说，游戏技术对于元宇宙还是有着重要作用，而且游戏也是元宇宙的一个雏形，所以，游戏技术就像是一个起始点一样，推动元宇宙的逐渐形成。

第五，AI 人工智能技术。现在来说，不只是元宇宙，就是在现实世界中，AI 人工智能也是已经广泛应用到了我们的生活、工作之中。在元宇宙逐渐构架的过程中，这块未来会是一个非常大的趋势。基于大数据的分析，预测，基于机器学习的算法，对世界进行模拟仿真，抽象总结会变得越来越智能。而基于算力的提升，AI 智能技术也会在元宇宙中得以深度应用。不过，人工智能毕竟是依靠人来打造，所以，人工智能的模拟仿真是否能够超越人本身，还是待探讨的问题。而元宇宙中人工智能技术，势必是推动元宇宙逐步与现实世界平行的一个重要推手。

第六，区块链技术。这一块的技术，我们在上面的问题里也具体地解答过了，区块链就是未来解决元宇宙经济体系的一个重要技术。元宇宙是数字宇宙，需要一个完备的闭环金融体系和虚拟货币。而虚拟货币的背后，就是去中心化的区块链技术。这里需要注意，区块链和元宇宙异曲同工，都是去中心化，所以，未来区块链将会在元宇宙构建构成中起到非常重要的作用。

如上所述，元宇宙的底层技术，说来说去就这么六点，芯片、网络、游戏、穿戴智能设备、AI人工智能、区块链，在这些技术中，游戏技术和网络技术已经较为发达，但是其他技术，还在进一步提升中，比如区块链技术，也只有十多年的发展历史，所以，还有很大的完善空间。当然，这些底层技术的发展直接影响了元宇宙的发展进度。

46问：元宇宙的通信基础是什么？

元宇宙的通信基础实际上是5G网络，也就是元宇宙必须在5G网络的基础上运行，比如，我们来看一个应用场景，XR设备要达到真正的沉浸感，需要更高的分辨率和帧率，因此就需要探索更先进的移动通信技术以及视频压缩算法。5G的高速率、低延时、低能耗、大规模设备连接等特性，能够支持元宇宙所需要的大量应用创新。

如果一个玩家在使用VR进行游戏的时候，突然网断了，VR就没有了任何用处，在游戏中玩家也会遭到更多的打击。元宇宙也是如此，既然元宇宙的通信基础是 5G，一旦 5G 信号没了，元宇宙势必就像是被按下了暂停键。

接下来，我们来看一下 5G 的发展趋势。

目前，基于 5G 杀手级应用还没有出现，因此市场需求度和渗透率还不高，换句话说，就是 5G 都没有推广。元宇宙有可能以其丰富的内容与强大的社交属性打开 5G 大众需求缺口，提升 5G 网络的覆盖率。

但是需要注意一点的是，5G 是昂贵的，打开缺口推广的前提下是 5G 能够以任何人都能接受的价格。元宇宙的通信基础本身就很高，这就让元宇宙出现了一个发展矛盾，就是看似美好，但实际上只能影响一小部分人。

47问：元宇宙的算力基础是什么？

元宇宙的算力基础就是云计算。

云计算是分布式计算的一种，指的是通过网络"云"将巨大的数据计算处理程序分解成无数个小程序，然后通过多部服务器组成的系统进行处理和分析这些小程序得到结果并返回给用户。云计算早期，简单地说，就是简单的分布式计算，解决任务分发，并进行计算结果的合并。因而，云计算又称为网格计算。通过这项技术，可以在很短的时间内（几秒钟）完成对数以万计的数据的处理，从而达到强大的网络服务。

有了云计算，自然也少不了云储存，云存储是一种网上在线存储的模式，即把数据存放在通常由第三方托管的多台虚拟服务器，而非专属的服务器上。托管公司运营大型的数据中心，需要数据存储托管的人，则透过向其购买或租赁存储空间的方式，来满足数据存储的需求。数据中心营运商根据客户的需求，在后端准备存储虚拟化的资源，并将其以存储资源池的方式提供，客户便可自行存放文件或对象。实际上，这些资源可能被分布在众多的服务器主机上。

不过，目前来看，算力对于元宇宙来说就像是高楼和扶梯的关系，所以，想要构建出一个元宇宙，需要提升算力能力，且要不断提升云计算的能力。

48问：元宇宙的虚实界面都包括什么？

元宇宙的虚实界面，现在来看就是拓展现实、机器人、脑机接口。我们这么说好像是比较不形象，那么我们具体来看一下：

第一，拓展现实。这个词看起来面生，如果把这个词换成 XR 呢？XR 目前包括 AR、MR、VR，是不是就能理解拓展现实的意思了，我们还是大概地来了解一下 XR，其实 X 就是表示一个"不确定"，XR 实际上，目前包括 AR、VR、MR，扩展现实（Extended Reality，简称 XR），是指通过计算机将真实与虚拟相结合，打造一个可人机交互的虚拟环境，这也是

AR、VR、MR 等多种技术的统称。通过将三者的视觉交互技术相融合，为体验者带来虚拟世界与现实世界之间无缝转换的"沉浸感"。

而且对于游戏来说，穿戴智能设备是让玩家更加具有沉浸感的手段，唯一手段，所以，我们了解一下 AR、VR、MR 都是各自指什么：

AR：增强现实 (Augmented Reality) 技术是一种将虚拟信息与真实世界巧妙融合的技术，将计算机生成的文字、图像、三维模型、音乐、视频等虚拟信息模拟仿真后，应用到真实世界中，两种信息互为补充，从而实现对真实世界的"增强"。

VR：虚拟现实技术 (英文名称：Virtual Reality，缩写为 VR)，是 20 世纪发展起来的一项全新的实用技术。虚拟现实技术囊括计算机、电子信息、仿真技术，其基本实现方式是计算机模拟虚拟环境从而给人以环境沉浸感。

MR：介导现实 (Mediated Reality)，由"智能硬件之父"多伦多大学教授 SteveMann 提出的介导现实，全称 Mediated Reality（简称 MR）。MR 技术结合了 VR 与 AR 的优势，能够更好地将 AR 技术体现出来。

第二，机器人。在元宇宙中的机器人应该是 AI 智能机器人，而不是普通的机器人，因为元宇宙是不可能允许现在的实体机器人进入的，但是 AI 智能机器人将会在元宇宙中扮演各种重要角色。

第三，脑机接口。这一个技术现在已经不是单单运用在游戏方面，而是已经运用在了医疗方面。脑机接口实际上也是为了能够让现实世界中的人更好地进入元宇宙，比如，只需要在脑外部分贴上一些磁片类的东西，就可以让现实中的人陷入沉睡，或者是清醒的状态下，进入元宇宙，去感受另外一种由他自己创造出来的人生。

所以，拓展现实是通过视觉等方式进入元宇宙，AI智能机器人是通过程序的方式进入到元宇宙，脑机接口则是最直接的方式让现实中的人进入元宇宙的通道。

49问：元宇宙激活和VR内容生态的关联？

首先，优质的原创内容不管在哪里都具有广阔的市场，不管是现实世界还是元宇宙。由于元宇宙没有剧本，没有设定，靠的是用户集体群策，也就是说，元宇宙必须重视优质的原创内容。

其次，元宇宙激活是什么意思，是需要激活什么？还是什么需要激活？是不是跟我们注册一个账号一样，需要验证码激活，才能拥有元宇宙的身份呢？

元宇宙需要激活的是和VR内容生态的关联。

举个例子，一篇文章，为什么有人随随便便就能有十多万的阅读量，有的人费尽心思阅量也不过百？问题的本质还是出在内容上，一个能够让人有代入感、沉浸感的故事，一个戳中读者痛点的故事，就是要比一个干巴巴的故事招人喜欢。这也就是为什么元宇宙一定要激活VR内容生态，要从内容上给用户沉浸感。

视觉的沉浸感会随着VR设备摘下来的那一刻慢慢消失，但是内容的沉浸感却可以长久地影响每一个人。再举个例子，第一部电视剧，画面非常唯美，不管是角度还是色彩都能够让人置身其中，但是，电视剧的故事情节不是很吸引人，让观众没有代入感，也不存在沉浸感，因此，观众可能会很快弃剧；第二部电视剧，单单就是故事，就让人沉浸其中，甚至有一种跟自己经历过一遍一样。遗憾的是，这样的电视剧，每天只更新两集。于是，有一些视频网站就有了VIP会员提前看的业务，据说，业务开展很好，播放量上去了，钱也赚了，观众也开心了。

这就是为什么元宇宙一定要激活VR内容生态关联，不仅要在视觉上给用户以身临其境感，更要在内容上抓住用户的心理。

50问：元宇宙的生成逻辑是什么？

元宇宙的生成逻辑是什么？要从应用场景以及发展趋势上来看。

第一，从应用场景上来看，大幅提升了运算性能，就是智能生成了不重复的海量内容，实现了元宇宙的自发有机生长，并且将元宇宙的内容有组织地呈现给用户。比如，在元宇宙上，你只需要有一个想法，其就能够为你直接生产出海量不重复的内容。当然，海量不重复内容的出现也导致了一个问题，那就是集体知识产权问题，所以在内容上，不仅有呈现，还有审查机制。如果元宇宙像是规划中的一样，那么，内容审查机制将是保证元宇宙内容安全合法的根本机制。也是，元宇宙内容生成的底层逻辑。

第二，发展趋势。上面说了元宇宙内容生成的底层逻辑是内容审查机制，那么智能技术就是上层逻辑，在内容之上，向更高级的深度学习、强化学习发展，从而营造随机生成、从不重复的游戏体验，摆脱人工脚本的限制，允许玩家自由探索、创造。

由此可见，元宇宙的生成逻辑，就是从内容产生、内容呈现、内容审查到深度学习、强化学习。总之，元宇宙之所以能够被更多的资本所青睐，不是因为它是一句空空的概念，而是因为，它所包含的、所隐藏的、所应用的技术，是现在、未来正在开发、研发、提升改善的技术。元宇宙不是建立在乌托邦之上，而是建立在真实的科技之上。

51问：元宇宙的世界蓝图是什么？

元宇宙的世界蓝图是非常美好的，不管你是不是懂得技术，不管你是不是相信互联网的力量，元宇宙总会给人以突破现实束缚的希望。当然了，这里面所说的蓝图必然是元宇宙未来发展的一种规划和美好愿景。

比如，未来数字世界和虚拟世界，将要比物理世界大上千倍。曾看过一个段子，微商笑称自己的工厂是 2.5 亿万平方公里，让人贻笑大方，但是，在元宇宙，微商说不准真的拥有 2.5 亿万平方公里的厂房呢。因为物理世界是可以丈量的，但是数字世界和虚拟世界，或者说元宇宙是无法丈量的。

在了解元宇宙和数字世界之前，我们先来了解一下数字孪生，实际上数字孪生就是指在虚拟空间内建立真实事物的动态孪生体，借由传感器，本体的运行状态及外部环境数据均可实时映射到孪生体上，该技术开始用于工业制造上，而元宇宙需要数字孪生构建细节极致丰富的拟真环境，营造出沉浸式的在场体验。

因此，元宇宙是需要数字孪生技术支持的，只有数字孪生技术才能够在虚拟空间建立真实事物。也就是说，通过数字孪生技术，元宇宙就能够复刻出现实世界。不过，现在的数字孪生技术想要打造出一个真实世界的一点一滴还是具有难度的，再加上，目前的算力也不允许，因此，这就给数字孪生技术提出了更高的要求。

元宇宙给很多产业提出了更高的要求，只有达到这个要求之后，才能够构建出所有人都希望出现的元宇宙，这就是元宇宙未来规划中最好的方向和最好的模式。

52问：为什么区块链会成为元宇宙的认证机制？

区块链是什么，从科技层面来看，区块链涉及数学、密码学、互联网和计算机编程等问题。从应用视角来看，区块链是一个分布式的共享账本和数据库，具有去中心化、不可篡改、全程留痕、可以追溯、集体维护、公开透明等特点。这些特点保证了区块链的"诚实"与"透明"，为其创造信任和奠定基础。而区块链丰富的应用场景，基本上都基于区块链能够解决信息不对称问题，实现多个主体之间的协作信任与一致行动。

那么，为什么元宇宙的认证机制是区块链？因为没有比区块链更完善的技术了。

我们这里以 NFT 来解释一下区块链为什么会被作为认证机制，实际上，这取决于区块链的去中心化特点。就像是比特币这么多年，安全地待在钱包里，这就是区块链的功劳，所以，区块链是虚拟货币的根本。

NFT（Non-Fungible Token），指非同质化代币，是用于表示数字资产的唯一加密货币令牌。NFT 是区块链的一个条目，而区块链是类似于比特币等加密货币的去中心化数字账本技术。所以说，NFT 和比特币等虚拟币一样的，是基于去中心化网络的虚拟货币，使得元宇宙的价值归属、流通、变现和虚拟身份的认证成为可能。具有稳定、高效、规则透明、确定的优点，因此需要区块链作为认证机制。

第七章　元宇宙的产业生态

53问：元宇宙生态版图是否逐渐趋成熟？

从场景入口来看，现在的元宇宙生态版图中场景入口已经有游戏、社交、体育、旅游、加密钱包、交易平台等，通过以上的方式都能够进入元宇宙。此外，会展、教育、影院、购物、广告网络也会成为元宇宙最新的场景入口。不难看出，元宇宙光场景入口已经包括了我们在生活中的各个方面，因此元宇宙生态版图可以说是非常成熟的状态了。

接下来，再来看一下前端设备平台。元宇宙的前端设备平台包括虚拟主机、VR\AR、视觉、手势、AI 计算实体、智能可穿戴、声控、神经设备等，也就是说，互联网所拥有的前端设备，都被囊括其中，元宇宙就像是一个大海，包容万象，而这些被元宇宙包容的前端设备，是当下最先进的，是由最新的科技技术打造出来的前端设备。

如果说前面的入口和前端已经展现出元宇宙生态版图的成熟，那么，底层技术支持以及后端基建，就已经能够确定元宇宙将必然会出现，为什么这么说呢？

因为底层技术支持上有区块链、NFT、虚拟货币、人工智能、网络及运算技术；后端基建支持上，包括5G、GPU、云化、交互技术、物联网、可视化及数字孪生。最先进的技术、最新的互联网技术以及最新的通信技术都包含其中。

由此可见，元宇宙不是一个概念，或者说它不仅仅是一个概念，更是一个科技的竞技赛场。在它的面前，所有的科技、技术都以最快的速度、最优的状态前行，元宇宙之所以会被推广，也是源于元宇宙本身就是顶尖、尖端互联网技术和终端设备技术等技术的化身。

54问：元宇宙支撑技术能否多维拓展？

对于元宇宙来说，多维拓展并不是一个附加题，而是一道送分题。可以明确的是，元宇宙依托云计算，且有三大关键技术点：

第一，虚拟化技术：云计算的虚拟化技术不同于传统的单一虚拟化，它是涵盖整个IT架构的，包括资源、网络、应用和桌面在内的全系统虚拟化。

第二，分布式资源管理技术：信息系统仿真系统在大多数情况下会处在多节点并发执行环境中，要保证系统状态的正确性，必须保证分布数据的一致性。

第三，并行编程技术：云计算采用并行编程模式。在并行编程模式下，并发处理、容错、数据分布、负载均衡等细节都被抽象到一个函数库中，通过统一接口，用户大容量的计算任务被自动并发和分布执行，即将一个任务自动分成多个子任务，并行地处理海量数据。

在这一基础上，元宇宙通过物联网技术，让自己有逻辑地分为应用层、网络层以及感知层，同时通过交互技术、全息影像技术、随机交互技术及传感技术、电子游戏技术来增强每一层的能力，也就是说，元宇宙技术支撑是非常强大的，在游戏引擎、3D建模、实时渲染的基础上，拥有目前更为先进的互联网技术，不管是硬件设备还是软件开发，元宇宙的技术支持在资本的加持下，将会成为引领技术产业的领头雁。

再加上底层架构、区块链技术等，多维拓展只是一个时间问题，只要元宇宙构建出来，进入雏形初期阶段之后，多维拓展势必成为元宇宙发展的方向和进程。

55问：元宇宙产业板块的增长情况如何？

数据显示，A股元宇宙产业链有80多只个股，市值超过4万亿。相关主题涉及的产业链非常广泛，主要包括：AR、VR、网络游戏、社交互联网、云计算、智能穿戴、生物识别、数字孪生、光学以及音视频技术服务等。

比如恺撒文化等游戏公司，早已开始围绕相关技术布局，并开展项目开发。据悉，恺撒文化打造的动物星球元宇宙题材，还植入了 NFT 概念，在链上可以实现收益，整个项目不再局限于游戏，而是一个真正的可成长的智能虚拟交互平台，也就是常说的"元宇宙"。

元宇宙有望形成一个非常庞大的产业链，涵盖 AR、VR、网络游戏、社交互联网、云计算、智能穿戴、生物识别、数字孪生、光学以及音视频技术服务等。目前，A 股市场上元宇宙产业链合计有 80 多只个股，其中包括了海康威视、立讯精密、京东方 A、韦尔股份等千亿市值公司，还有冰川网络、万隆光电等市值较低的公司。

就目前的发展趋势来看，游戏板块是最受市场关注且利好最实际的板块之一。A 股市场上，互联网传媒板块多为网游公司，其中部分公司身兼多重相关技术或者是概念。恺撒文化、丝路视觉等市值较低个股，身兼网游、虚拟现实等概念题材。

由此可见，元宇宙产业增长还是大有可为，并且，观望者居多，入场者还是少数，就已经引发大规模的股票上涨趋势，所以，元宇宙产业增长情况应该是乐观的。

56问：元宇宙的梯次产业变革是否顺利？

什么叫作梯次产业变革？就是像上楼梯一样，一层一层地进行产业变革，比如一开始是需要市场的吸引力，这一时期就好比是新店开店，新店需要有吸引力,大多数都会用一些促销方式,吸引客人的注意。市场吸引力是这个概念、这个新店、这个产品是否能够获得更多人的认同。

接下来,元宇宙具有了市场吸引力,而且具有巨大的市场吸引力,当元宇宙从游戏再往上升,就是教育、医疗等,比如脑机接口,从游戏这一层面上升到医疗层面,就是一个质的飞跃。如果脑机接口用于游戏,最大的意义就是提升玩家的沉浸感,但是用于医疗之后,整个意义就会有所不同。

元宇宙也是如此,元宇宙产业变革看起来似乎是没有什么影响,实际上也会对元宇宙造成不小的影响,甚至关系到元宇宙的未来发展。

现在亚洲范围内有一些国家对于元宇宙的认可度比较高,如日本、韩国、新加坡等国家将元宇宙设定为国家助力发展项目,可能是希望元宇宙能够改变国家现状,或者说能够通过元宇宙改变社会各行各业的现状,甚至于是能够为本国年轻人提供更多的工作岗位等。

就目前来说,产业变革是否顺利我们很难看出来,我们能看出来的就是技术变革,因为只有元宇宙构建成功之后,有了雏形,有了一个真实的形态之后,我们才能够去判断产业变革是否顺利。现在只能是说,产业变革正在从底层向上层发展,至于顺不顺利,还不能给出明确的答案。

57问：元宇宙有多少个场景入口？

元宇宙的场景入口，包括游戏、旅游、加密钱包、购物、会展、社交、体育、教育、广告网络等，其中比较有代表性的场景入口如下：

第一，游戏。游戏入口很多，而且未来会有越来越多的游戏加入元宇宙中，游戏本身就是元宇宙的一部分，由于游戏现在正在全力打造更具沉浸感的游戏模式，而沉浸感也是元宇宙必不可缺的要素，因此，游戏入口将是元宇宙入口中比较大的一个入口处。

第二，社交体验。社交体验是仅次于游戏的一个入口，毕竟元宇宙也是在打造一个社交平台，以游戏中虚拟世界的大部分技术为基础，元宇宙将使我们能够通过"真实"的活动感受进行社交，而不仅仅是通过分享照片和新闻链接进行社交。

第三，沉浸式商务。实际上就是电子商务，咱们现在知道的就是电子狗、电子猫，然后在元宇宙可能会更加懂用户，现在电子商务平台通过大数据就比较懂得用户需求，在元宇宙之后，可能更擅长读懂用户心理，推荐更加合适的产品给用户。然后，作为购物行为，沉浸式商务也将是部分用户的入口。

第四，线上协作。线上会议，是展现在工作中比较多的，在未来，线上会议、线上协作会更加具有协作感和沉浸感。所以，作为职场人，可能会选择线上协作的方式进入到元宇宙。

第五，线下房地产。最近新闻炒得沸沸扬扬，就是真的有人花大价钱在虚拟世界购房，不过，笔者认为，人们要想完全通过VR购买房屋还需要一段时间。但VR很可能成为人们预先筛选自己感兴趣房产的一种重要方式。之前有一个房产中介的广告就是足不出户，用VR看好房，实际上，现实中的人们都在生活中运用VR等技术，以及帮助用户反复参观和检查有关房产的更多信息。随着元宇宙参与到线下房地产行业，元宇宙的体验将更具有社交性和交互性。

需要注意的是，元宇宙入口包括以上的入口，但不仅限于以上的入口。另外，以上入口是用户比较容易选择进入的入口，但是元宇宙的入口应该会更多样化、多元化。

58问：前端设备平台都有哪些？

前端设备是处理和混合多个信号源的设备，主要由放大器、频率变换器、信号处理器、调制器和多路混合器等组成。前端对于网站来说，通常是指，网站的前台部分，包括网站的表现层和结构层。

比如，虚拟主机或称共享主机，又称虚拟服务器，是一种在单一主机或主机群上，实现多网域服务的方法，可以运行多个网站或服务的技术。

虚拟主机之间完全独立，并可由用户自行管理，虚拟并非指不存在，而是指空间是由实体的服务器延伸而来，其硬件系统可以是基于服务器群，或者单个服务器。

一般来说，虚拟主机是一个必备的前端设备，咱们国家提供前端设备的互联网公司还是比较多的，所以，元宇宙如果真的要构建，能够提供足够大的虚拟空间。

除了虚拟主机，前端设备还有 AI 智能技术，VR、AR、MR 等穿戴智能设备，这些都属于元宇宙必备技术。

59问：物联网在元宇宙中是一个怎样的存在？

物联网指的是将无处不在的末端设备和设施，包括具备"内在智能"的传感器、移动终端、工业系统、数控系统、家庭智能设施和视频监控系统，如贴上 RFID 的各种资产、携带无线终端的个人与车辆等"智能化物件或动物"或"智能尘埃"，通过各种无线或有线的长距离或短距离通信网络实现互联互通、应用大集成以及基于云计算的 SaaS 营运等模式，在内网、专网和互联网环境下，采用适当的信息安全保障机制，提供安全可控乃至个性化的实时在线监测、定位追溯、报警联动、调度指挥、预案管理、远程控制、安全防范、远程维保、在线升级、统计报表、决策支持、领导桌面等管理和服务功能，实现对"万物"的"高效、节能、安全、环保"的"管、控、营"一体化。

所以，物联网技术是非常复杂的一项技术，那么，物联网企业如何参与建设元宇宙？

其实，在我们所知道的有一些物联网企业正在按照元宇宙的理念，构建自己的系统和网络。

举个例子，Helium公司就是在试图构建一个去中心化的、超大规模的、通过经济激励促进利益相关者共同建设的物联网设备无线网络。

但是，元宇宙和这么复杂的物联网有什么关系呢？

不管是穿戴设备，还是汽车智能化，包括现在家庭端的智能家居，它将来都会是元宇宙的一个传感器端入口。最典型的，比如说像数字孪生，我们在地上可以虚拟一个比较危险的环境，比如说火山内部。过去可能真的要下到火山内部里才能获取某种数据，现在可能在一个房子里面，就能把这个场景模拟出来，人就可以去操作火山内部的场景。但这个过程需要用到大量的传感器。

以前我们的传感器可能就是电脑的键盘和鼠标，未来可能会涉及眼镜、手柄，甚至是各方面的连接设备，这些都是物联网的终端形态。

元宇宙108问

60问：元宇宙对市场的吸引力是什么？

这个问题换一个说法，为什么元宇宙会吸引资本？

"元宇宙"为我们提供了未来互联网发展的方向，连接了虚拟与现实。那么投资者如何把握这个投资机会？

这里为大家科普一个概念：BAND。架构元宇宙的第一步是需要成熟的技术，业界将元宇宙的技术支柱归纳为BAND：包括区块链（Blockchain）、游戏（Game）、网络算力（Network）和展示方式（Display），分别从价值交互、内容承载、数据网络输出及沉浸式展示融合构建元宇宙，而在这其中就包含了元宇宙的三大投资机会：

第一，通信。元宇宙是数字化的，是建立在网络、算力和算法之上，没有底层基础架构的支持就没有未来的宇宙世界，下一代通信与云计算服务的发展仍然会最大限度地影响着元宇宙的进程。元宇宙的各种娱乐方式也需要借助5G、Wi-Fi6等技术来支持大量用户在线。因此，元宇宙的网络算力需要依靠5G通信、云计算、云游戏等尖端技术来支持。

第二，VR和AR。元宇宙的沉浸式体验离不开虚拟现实技术，VR/AR赛道值得关注。虚拟现实VR是元宇宙的展示方式，VR实现了持续迭代升级，用户已经可以获得较好的沉浸式体验。增强现实技术AR借助3D

摄像头实现与现实的交互，用户会处于现实与虚拟世界的交融。

第三，游戏。就像《头号玩家》中所描绘的世界，游戏将是元宇宙沉浸式体验的先行者：相比当前世代游戏场景，元宇宙世代的游戏场景将实现虚拟与现实深度交融，游戏世界的有限边界被打破，让玩家进入到沉浸式体验。游戏板块是把握元宇宙概念机会的重要入口之一，元宇宙的加速发展或推动整体游戏板块估值提升。

不过元宇宙概念虽然火热，但目前构建成熟元宇宙的条件其实还不具备，未来3~5年元宇宙都将处在雏形探索期。如果大家想要布局相关行业，要做好长期投资的准备，期间还可能会出现相关技术不达预期。不盲目追热点、看重长远价值，才是对待元宇宙的正确态度。

61问：元宇宙的实现到底有多远？

笔者认为，未来元宇宙并不仅仅是基于单独某一项技术的发展，其发展的关键动力是将云计算、分布式存储、物联网、VR、AR、5G、区块链、人工智能等前沿数字技术进行集成创新与融合应用。目前，VR、AR、XR技术的大规模应用还存在一些现实的约束条件，离真正具有低延迟、高沉浸的理想体验还有很长的一段距离。

随着元宇宙时代的到来，接入方式会变得高度多元化，沉浸式接入设备有望全面普及，接入速度和稳定性也会有本质性提升。那些早已深耕

VR 和 XR 技术的公司，加速进军元宇宙是趋势也是必然。这个领域的高新企业掌握着较为先进的技术基础，并在该基础下大力探索极致的沉浸式体验在乐园、科技秀、博物馆、应急等各个领域的创新应用，可以说已在发展元宇宙中占据抢先优势。

从长期看，"元宇宙"是一个非常重要的创新，可能从根本上改变人类社会的形态；但从当前生态各领域的发展来看，考虑到关键支撑技术瓶颈"戴上头盔就能进入到一个超级逼真的虚拟世界"的"元宇宙"，所需要的沉浸感、低延时，以及接近于现实世界的虚拟世界效果，都需要极为苛刻的显示技术、网络技术、VR 渲染技术和计算处理能力，而现时的技术距支撑理想中的"元宇宙"仍有较大的距离，当下的"元宇宙"还未真正出现颠覆性产品和商业模式，相关技术仍处于常规的发展轨道，距元宇宙理想状态还有相当的距离。

据清华大学新媒体研究中心发布的《2020–2021 元宇宙发展研究报告》显示，目前这个产业仍处于"社交+游戏场景"的奠基阶段，还远未实现全产业覆盖和生态开放、经济自洽、虚实互通的理想状态。

所以，得出的结论是元宇宙的概念布局仍集中于 XR 及游戏社交领域，技术生态和内容生态都尚未成熟，场景入口也有待拓宽，理想愿景和现实发展之间仍存在漫长的"去泡沫化"阶段。

不过，也有专家坦言，未来十年将是元宇宙发展的黄金十年，转型窗口期已经悄然开启。资本的争相入局，势必会加速国内元宇宙的建设和普及，进而促进数字经济与实体经济实现更深层次的融合，为实体企业开辟全新的发展空间，而其基础和关键在于数字技术的自主创新。

第八章　中美日韩元宇宙发展现状

62问：全球元宇宙公司中比较知名的有哪些?

ROBLOX：社交系统、UGC 生态、MMO 游戏

Facebook：拓展现实、社交系统、UGC 生态、MMO 游戏

EPIC：图像引擎、社交系统、MMO 游戏

Microsoft：拓展现实、社交系统、UGC 生态、MMO 游戏

腾讯：社交系统、图像引擎、UGC 生态、MMO 游戏

字节跳动：UGC 生态、拓展现实、社交系统

天眼查数据显示，2021 年以来"元宇宙"商标已被多家公司及自然人申请注册，相关商标申请信息超 240 条。腾讯、爱奇艺、快手、中青宝、字节跳动等多家公司先后布局。

2021 年 7 月，快手关联公司北京达佳互联信息技术有限公司申请注册多个"快手元宇宙"商标；6 月，Soul 关联公司上海任意门科技有限公司申请了"年轻人的社交元宇宙"相关商标；重庆爱奇艺智能科技有限公司

也申请注册了"奇遇元宇宙"等商标。

除此之外，在我们国内，比如东方电子、安妮股份以及视觉中国等涉及的底层架构；浪潮信息、中科曙光、青云、科大讯飞等涉及的后端基建，后端基建包括的就是咱们熟悉的5G、云化以及GPU等。除了底层架构和后端基建之外，完美世界、科大讯飞、中望软件等科技公司也在场景内容领域纷纷发力，涉及智慧医疗，以及工业设计等，歌尔股份、京东方A等也在前端设备的AR和智能可穿戴设备领域展开研究。

63问：元宇宙厂商的四套叙事是什么？

第一，虚实融合：虚实融合技术致力于如何有效增强参与者（人）、真实环境（实物）和虚拟环境（虚物）三者之间的无缝融合，最终达到自然逼真的和谐人机交互，是当前研究的前沿共性技术。构建虚实融合环境，涉及高精度定位、虚拟与真实环境融合呈现、光学显示、多感知交互等关键技术，为解决高端装备研制、复杂任务规划与培训、创新数字娱乐与教育等提供了全新的技术途径。

第二，去中心化交易：就是在去中心化交易所进行的交易，去中心化交易所是一个基于区块链的交易所，它不将用户资金和个人数据存储在服务器上，而只是作为一种基础设施来匹配希望买卖数字资产的买家和卖家。在匹配引擎的帮助下，这种交易直接发生在参与者（点对点）之间。

同时，大多数现有的所谓的"去中心化"交易所并不是真正地去中心化：它们属于一个默认情况下不能去中心化的中心化实体。该实体的分布程度无关紧要。归根结底，权力下放意味着单一资源不能充当系统的主干。

第三，自由创造：所谓自由创造的自由，不是随便、任意的意思。我们所说的自由是对必然性的认识和对世界的改造，是在认识到客观的必然性、规律性的基础上去改造世界，以实现人类的目的和要求。因此，我们所说的"自由"包含了创造，是人在创造中对自己的一种解放。

第四，社交协作：社交协作其实就是指通过社交的方式进行协作，这里面包括在工作上的协作，也包括在生活中以家庭为单位的协作，当然在这个问题下主要是讲工作上的、厂商之间的协作。具体来说，就是在元宇宙厂商中需要最广的应该就是智能穿戴设备，智能穿戴设备包括了外壳、内芯。也就是说，想要出一款智能穿戴设备至少需要这两种。说到底，就是在元宇宙的基础上，去建立厂商与厂商之间的关联。

64问：美国元宇宙行业现状如何？

未来的元宇宙应该是由用户创造的，而 Roblox 公司则是工具和技术的提供者。

Facebook，2021 年 7 月 27 日，宣布成立元宇宙团队，在五年内转型为元宇宙公司。

Epic Games,"堡垒之夜"是游戏行业中首个可信的元宇宙虚拟世界。

Epic 公司在图形等领域所展现的强大技术,使得他们的虚幻引擎及其创新技术始终走在行业前端。

Microsoft,"模拟飞行"这款游戏是模拟真实地球的一个缩影,在这里,有2万多个城市,15亿个建筑,1亿1千700万个湖泊,2万亿棵树。

Decentraland,基于以太坊的 vr 虚拟世界,是第一个去中心化、由用户所拥有的虚拟世界。

65问:我国元宇宙行业现状如何?

我国对元宇宙的关注度还是非常高的,表现为以下几点:

第一,我国近两年在互联网技术上面的发展简直可以说是日新月异,在互联网技术上的发展也很迅猛,而且互联网公司也做得非常好,比较大的独角兽也很多。不得不说,在技术上,现在的中国不说是拔得头筹,也得说是中坚力量。

第二,我国网民特别多,具有上网能力的网民可以说就有七八亿,这个数字比一些国家的人口都多,互联网的人口红利刚刚到来。尤其是跟着互联网一起成长的"90后"们,已经是社会上坚实的网民群体,他们对互联网的依赖程度是我们难以想象的。

第三，市场对元宇宙的期盼。很多企业都是在做相关技术的产品，所以，整个市场对于元宇宙有很大的期盼。实际上，在元宇宙概念推广的时候，国内 A 股市曾经一下子火起来 25 个概念股，这些概念股无一不是与元宇宙有着关联。所以，从市场角度来看，企业需要元宇宙，投资者也需要元宇宙。

接下来，我们来看几家在元宇宙产业链上比较知名的企业：

腾讯，完善的元宇宙资本布局；字节跳动，正在完善的元宇宙资本布局。

网易，推出"河狸计划"原创游戏社区，提供低门槛游戏开发工具。投资虚拟角色社交平台 IMVU。

莉莉丝，推出游戏开发平台和社区，发起"达·芬奇计划"游戏创作大赛，投资 AI 团队启元世界，研发用于在线游戏的认知决策智能技术，投资云游戏技术平台念力科技，研发云游戏解决方案。

米哈游，现象级开放世界 RPG 游戏"原神"展示出强大的开发实力，出资 8900 万美元参与社交元宇宙 Soul 的私募配售，开发以"鹿鸣"为代表的基于虚幻引擎的虚拟形象解决方案，与上海交大医学院附属瑞金医院合作建立，瑞金医院脑病中心米哈游联合实验室，研究脑接口技术的开发和临床应用，组建人工智能科学家团队，逆熵工作室。

66问：日本元宇宙行业现状如何？

在日本，元宇宙发展的如何？财联社 2021 年 12 月 7 日电，日本的加密资产（虚拟货币）兑换平台 FXCOIN 等将在本周内成立元宇宙的业界团体。相关团体将与金融厅等行政机关相互配合，启动市场构建，力争使日本成为元宇宙发达国家。将成立的业界团体名称为"一般社团法人日本元宇宙协会"。

除此之外，日本的企业也在积极布局元宇宙，作为日本首家元宇宙 IP 的 NFT 交易平台，Fugu.finance 平台不仅为各类艺术家与用户提供交易场景，还在丰富平台生态的基础上开发了多种元宇宙游戏。例如虚拟艺术会展，艺术家可以将自己的各类作品放入会展中，用户可以通过自己在元宇宙游戏中的身份进入会展参观艺术作品，还可以进行作品交易。发展后期，平台允许用户自己参与游戏设计，邀请平台中的艺术家和其他用户前来入驻或者参与，充分发挥平台各种角色的价值才能，丰富游戏的可玩性，持续丰富平台生态建设。

Fugu.finance 将平台内的加密艺术创作、加密艺术会展、加密艺术拍卖、NFT 交易、游戏、社区治理、代币流通等有序地融合在一起，打造日本加密艺术性极高的元宇宙生态。

此外，日本社交网站巨头 GREE 称，将以子公司 REALILY 为中心，开展元宇宙业务，预计到 2024 年投资 100 亿日元，在世界范围发展一亿以上的客户。该公司认为，并不是只有 3D 画面才能叫作虚拟世界，让用户感受到社会性的机制更为重要。

而日本动漫也在积极布局元宇宙，发挥日本动漫的文化影响力，"virtual avex（虚拟爱贝克思）集团"发布，由任天堂发布"动物之森"系列第 7 部作品，全球顶级 AI 会议 ACAI 在"动物森友会"上举行研讨会。

当然，日本的老牌企业索尼（Sony）在布局元宇宙上也是当仁不让。索尼（Sony）拥有 playstation 主机系统和游戏生态，2016 年推出了 playstation VR，之后，入股 Epic Games 并建立合作关系，推出"dreams universe"，可以在其中进行 3D 游戏创作、制作视频，并分享到 ugc 社区。其概念类似 Roblox，但是上手难度低，图像效果更好。

67问：韩国元宇宙行业现状如何？

韩国元宇宙行业也是备受瞩目，我们具体来看一下：

第一，韩国政府成立元宇宙联盟。

2021 年 5 月 8 日，韩国信息通讯产业振兴院联合 25 个机构和企业成立元宇宙联盟，旨在通过政府和企业的合作，在民间主导下构建元宇宙生态系统，在现实和虚拟的多个领域实现开放性元宇宙平台。

第二，由政府牵头，要求相关企业共同遵循元宇宙 Hub 协议。

结合企业各自优势，共同发掘具有商业前景的元宇宙项目；联盟内部成员之间共享有关元宇宙趋势和技术相关的信息；成立咨询委员会避免道德与文化问题；科学和信息通信技术部将提供支持。

第三，韩国数字新政，数字内容产业培育支援计划，共投资 2024 亿韩元，合 11 亿 6000 万人民币。由此可见，韩国在元宇宙上不仅是投入巨大的人力、物力，还投入了巨大的财力。

那么，作为韩国的企业来说，又是如何看待并且进入元宇宙呢？

首先，三星为视觉障碍人士开发了 vr 眼镜，有角膜混浊症状的人戴上与 Relumino 应用程序联动的 vr 机器，可以看到更清晰的轮廓，该软件还有折射障碍和高度近视矫正效果。

其次，专业型企业的奋勇直前，人工智能项目 NEON 于 CES2020 上正式展出，能够像真人一样快速响应对话、做出真实的表情神态，且每次微笑都不尽相同，因为它可以构建机器学习模型，在对人物原始声音、表情等数据进行捕捉并学习之后，形成像人脑一样的长期记忆；JUMP AR 是基于 AR 的 APP，可以设计自己的 AR 形象并放置在现实场景中拍摄照片、视频，还与众多 K-POP 明星联名推出明星的 AR 形象，使用提及视频捕捉技术，允许用户与偶像随时随地合影留念；UNIVERSE，游戏企业 NC Soft 推出元宇宙平台，特别为 K-POP 粉丝们提供了服务。用户可以收到深度学习生成的艺人的语音信息，还可以自有装饰偶像成员的 3D 角色、跳舞等动作。

最后，作为理论的基地，韩国首尔大学也参与到元宇宙的发展之中，在 2021 年 5 月 29 日亚洲心血管胸部外科学会第 29 届在线学术都会上，首尔大学医院利用 XR 平台进行了实时分享。来自英国曼彻斯特大学医院、新加坡国立大学医院及亚洲多国的胸外科医疗团队共 200 多人参加。

第九章　面向企业的元宇宙

68问：什么是产业元宇宙？

在 2021 年 12 月 17 日召开的网易未来大会上，京东有高层首次提出"产业元宇宙"的概念，并重点阐释了其发展布局与基础实践。我们也一起来看看，什么是产业元宇宙。

"产业元宇宙"作为数字能力引入现实世界、实体经济的接口，"产业元宇宙"将会是实现企业硬科技转型升级的新一代发现工具、效率工具、创新工具，这也让元宇宙在被竞相追逐中更添一份冷静与客观。

我们也可以理解为：数字世界对现实世界中社会属性、物理属性的精确重构与再创造，是人工智能在现实世界的实体化，更是真实世界、实体经济的重要组成部分。

作为数字能力引入现实世界、实体经济的接口，不止使用了数字世界重构现实世界中的物理属性和社会属性，更加重视数字世界对现实世界再创造能力的提升。

因此，我们认为产业元宇宙将会成为实体经济的重要组成部分，在这场全新的产业数智化革命中，产业元宇宙将延展泛人工智能技术在产业落地的深度和广度，加速技术与产业的深度融合，激发实体经济的活力和创造力。

产业元宇宙势必能够为一个产业带来新变革，这是毋庸置疑的，但是到底是什么样变革呢？产业元宇宙将由数据基础、仿真引擎、数智核心、硬件载体以及开放协同生态五大方面支撑，其技术与产业的深入结合，未来将推动生产范式、优化范式两大革新。

第一，生产范式的革新。具体而言，由之前在真实世界的创新迭代升级到将问题映射进入元宇宙中通过仿真来寻求解决方案，再将最优解部署到现实世界中解决问题，基于此不但大幅降低创新成本，还做到激发产业活力、释放创新潜能。

第二，优化范式的转变。以传统制造业为例，众所周知，该产业受困于环节冗长且彼此相互割裂，通常只能针对单一环节进行单点优化，完全不能满足生产线全链路效率的提升刚需。而产业元宇宙技术的应用则打破了数据孤岛，将原本割裂的各个生产环节有了统一的表达形式以及数据交互协议，因此能够实现各个环节信息的无缝流通、协同优化，将单点优化范式转型升级为全链路协同优化，产业升级的效率由加法增长，转变为乘法增长、指数增长。

此外，"产业元宇宙"至少要经过三大技术阶段，分别是数字孪生、数字伴生以及数字原生。其中，以复刻现实世界为主导的数字孪生阶段，主要通过结合 5G、物联网、区块链、云计算、人工智能等技术，将现实世界的对象在虚拟世界中进行准确描述。

而侧重 AI 仿真优化能力与产业深度融合的数字伴生，主要建立了虚拟和现实间的双向链接，将现实世界中的问题映射到虚拟世界中优化解决，再把解决方案部署回现实世界，用数字技术陪伴、加速实体经济成长。

由此可见，产业元宇宙发展的高级阶段是数字原生。这个阶段的主题是人工智能的自主学习创新能力以及研发新型硬件体系提升现实世界的硬件承载能力：通过新材料、新工艺、新设备的研发比如，使用机器人，使现实世界有能力部署更具创造性的数字化解决方案。

所以，这一个阶段是通过运用强化学习技术，AI 将有能力在高度真实的数字世界中自动发现新的联系，预见新的机会，实现数字世界和物理世界的无缝融合。

通过对"产业元宇宙"的分析，我们需要注意的是，由于每个行业数字化、自动化、智能化的程度不同，产业元宇宙的三大技术阶段并不是割裂发展的，而是联合组成了一种多层次、多阶段并行发展的新生态。

69问：什么是企业元宇宙？

企业元宇宙，就是在元宇宙上建立一个企业，比如我们作为个人进入元宇宙，想要创业，那就要按照元宇宙的规则办理营业执照，然后租赁房屋，最后开始创业。

在元宇宙上创业实际上就需要元宇宙的技术支持，比如，我们要开一家小小的餐馆，我们就需要数字孪生技术，搭建出拟真场景，比如我们要开一家火锅店，自然就要通过数字孪生技术，打造出一个火锅店的样子。当然了，开店还需要虚拟货币支持。

火锅店开店了，接下来就要有品牌代言推广，通过虚拟数字人以及实体机器人为我们发传单，做宣传，进行营销互动。如果你在真实世界里也有一家这样的火锅店，就可以从元宇宙宣传自己，然后在现实世界也宣传自己。比如一些人在元宇宙看到火锅店之后，在现实世界还能搜到你，可能就会觉得十分惊喜，甚至有一种老乡见老乡的亲切感，如果坐标比较近，他或许就是你的新客源。

接下来，就是虚拟支付体系，因为开店是为了赚钱，就算是在元宇宙，食客也得付钱才能吃饭。就这样，你在元宇宙的火锅店就开好了。

当然，如果你是开一家文化传媒公司，还可以利用元宇宙其他的特性，比如找一些虚拟明星、虚拟网红以及虚拟的代言人，甚至是联系一些自己所需要的业务。因为你在元宇宙开公司，别人也会按照自己的意愿在元宇宙开公司。所以，元宇宙至少是和现实世界有着同样的产业、行业，甚至要比现实世界的产业、行业等还要多。

最重要的是，企业在元宇宙发展的同时，如果在现实世界也存在，可以说就能够通过元宇宙终极虚拟营销场景带动现实世界中的营销场景，或者是在元宇宙挖掘更多的用户互动方式，让用户从被动消费到参与生产设计，甚至可以将元宇宙中的顾客引入到现实世界中。当然，作为一个企业，如果在现实世界中并没有很大的宣传力度，可以把宣传力度放在元宇宙。

但是，需要注意的是，企业需要虚实融合的存在形态，这样才有利于企业的整体发展。

70问：产业元宇宙如何实现从虚到实的过程？

产业元宇宙是从虚到实，简单地说，就是从概念到具体，不应该是从虚拟到现实，因为元宇宙产业是一个实际存在的，我们可以说现在的技术达不到构建元宇宙的高度，但是现在的技术也是存在的。

我们先来看一下元宇宙产业所需要的技术：

第一，物联网技术：物联网技术起源于传媒领域，是信息科技产业的第三次革命。物联网是指通过信息传感设备，按约定的协议，将任何物体与网络相连接，物体通过信息传播媒介进行信息交换和通信，以实现智能化识别、定位、跟踪、监管等功能。

可以说，物联网是物与物、人与物之间的信息传递与控制。我们平时见到最多、应用最多的应该是通过物联网打造更快的物流业。比如，知道的物流企业大都是通过物联网的方式，提升物流运转速度，以及提升物流分拣率等。所以，物联网技术实际上是一个应用很广泛的技术。这一技术如何应用到元宇宙，就是要潜入梦境，需要靠机器，实现与目标人物意识进行连接。这台机器就是物联网技术的实现。说到底就是让现实世界的人能够毫无防备地进入元宇宙，物联网技术起到了决定性作用。

第二，区块链技术：区块链技术是互联网十大典型司法技术应用之一。区块链技术又被称为"共识技术"，共识机制在任何一个区块链系统中都处于最为核心的地位。比特币是虚拟货币，未来，在元宇宙也将有流通于元宇宙的虚拟货币，到那时候区块链技术应该更加安全，因此，区块链技术是保证元宇宙经济的重要技术。

第三，交互技术：交互是指自然与社会各方面情报、资料、数据、技术知识的传递与交流活动，从信息论的角度看，汇集了一定地域内各种信息资料，是一种有形的文字信息载体。交互技术则是利用一定手段达到交互目的，逐渐步入多领域应用时代。

交互技术实际上体现在生活的方方面面，比如，对于失声人群来说，就有无声语音识别，对于失明人群就会眼动追踪或者是电触觉刺激等，这类技术直接能够改变残障人士在某一方面达到正常人的效果。能够通过交互技术，让更多的残障人士有更好的生活。运用在元宇宙中，就是能够为现实世界的人沉浸于元宇宙创造了一个条件，尤其是脑机接口，现在很多医学院脑外科都想要通过脑机接口实现对病人更好的诊治效果。

第四，电子游戏技术：电子游戏又称电玩游戏（简称电玩），是指所有依托于电子设备平台而运行的交互游戏。根据运行媒介的不同分为五类：主机游戏（狭义的，此处专指家用机游戏）、掌机游戏、街机游戏、电脑游戏及手机游戏。完善的电子游戏在20世纪末出现，改变了人类进行游戏的行为方式和对游戏一词的定义，属于一种随科技发展而诞生的文化活动。

由于元宇宙本身包括了多人开放在线游戏，因此电子游戏技术是元宇宙必不可缺的一项技术，且与游戏相似的本质。只不过，元宇宙是去中心化之后的游戏，是没有剧本和前设定的游戏。但是，目前来看，元宇宙和"Roblox"等游戏的确是具有异曲同工之处，元宇宙不局限于游戏，却也是利用电子游戏技术构建而成。

第五，人工智能技术：人工智能也就是我们所说的 AI，AI 技术是元宇宙不可或缺的技术之一，在人工智能技术中，能够应用到元宇宙的包括但不仅限于：智能机器人、模式识别与智能系统、虚拟现实技术与应用、系统仿真技术与应用、工业过程建模与智能控制、智能计算与机器博弈等技术，而人工智能技术是直接关系到元宇宙中每个现实世界个体分身在元宇宙生存的重要技术。

第六，网络及运算技术：网络计算技术指用户通过专用计算机网络或公共计算机网络进行信息传递和处理的技术。计算机网络虽然在 1969 年就出现了，但网络计算大发展还是在 20 世纪 90 年代的事。随着世界各个国家信息基础设施（NII）计划的开展，网络计算的重要性越来越突出，人们普遍认为世界将进入以网络为中心的计算时代。

网络计算技术算是元宇宙赖以生存的"空气"，如果没有了网络，元宇宙就彻底消失了，因为元宇宙的根本技术就是网络技术，而且是要在 5G 网络及以上网络上实现。如果说以上技术都是元宇宙的依赖技术，那么网络及运算技术就是根基技术。

不过元宇宙还是一个概念，所以我们不能说整个产业是由虚到实，确切来讲应该是如何让元宇宙从概念发展为实体。

71问：元宇宙为产业带来怎样的作用？

说到元宇宙会为产业带来什么样的作用，应该从元宇宙具有什么样的价值入手：

第一，发掘价值。元宇宙所带来的虚拟世界中，随着现实世界中各类型客观条件限制减弱或者消失，每个个体都有希望在其中重新发掘和实现自我价值。比如创作者无须受到任何拘束和约束，按照自己的想法和思维进行创作。

第二，创造价值。元宇宙一方面正在逐步逼近过程中会带来多行业的技术积累和图片，一方面也会在元宇宙产生新的行业、社会运转模式等，为人类带来新的总量经济。例如，元宇宙中的消费品，可能是现实世界中消费的转移放大，也可能是诞生于元宇宙中的全新消费品类。比如，我们现实世界没有，但却可能曾经想过的，在现实世界养宠物大概就是小猫小狗等，但是在元宇宙中就可能会养恐龙。

第三，扩大价值。随着元宇宙所带来的社会运转效率的提升，以及虚拟世界中对现实行业的重视，个体能够扩大自身价值。例如，艺术家的创作在现实世界和虚拟世界同时有价值。坦白说，就是艺术家的创作可以在元宇宙具有价值，放到现实世界也同样具有价值。如果艺术家可以不必拘泥于现实世界的技术等，可以随意创作出自己想要的作品。

第四，提供价值，元宇宙能带来虚拟世界与现实世界的高度融合，能够进一步提升社会运转销量，有望改变人类行业的交互方式。例如，3D虚拟办公室解决方案，有望解决通勤、人口聚集、上午拜访、语言等诸多问题，提高社会运转效率。就像是我们上班要坐公交会堵车，坐地铁会很挤，但是到了元宇宙，就可以直接采用更便捷的交通方式。

此外，用户通过元宇宙可以获得涵盖游戏、社交、内容、消费以及拓展到更多的结合线上线下的一体化的生产、生活体验，步入千行百业数字化的全真互联网时代。所以，元宇宙能够带来广阔的价值空间。

72问：产业元宇宙所需要的基础设施有哪些？

元宇宙所需要的基础设施：

第一，5G网络。5G网络是第五代移动通信网络，其峰值理论传输速度可达20Gbps，合2.5GB每秒，比4G网络的传输速度快10倍以上。举例来说，一部1G的电影可在4秒之内下载完成。随着5G技术的诞生，用智能终端分享3D电影、游戏以及超高画质（UHD）的目的时代正向我们走来。

第二，传感器技术。传感器是能够感受规定的被测量并按一定规律转换成可用输出信号的器件或装置的总称。通常被测量是非电物理量，输出信号一般为电量。当今世界正面临一场新的技术革命，这场革命的主要基础是信息技术，而传感器技术被认为是信息技术三大支柱之一。一些发达国家都把传感器技术列为与通信技术和计算机技术同等位置。随着现代科学发展，传感技术作为一种与现代科学密切相关的新兴学科也得到迅速的发展，并且在工业自动化测量和检测技术、航天技术军事工程、医疗诊断等学科被越来越广泛地利用，同时对各学科发展还有促进作用。

第三，云计算。云计算是分布式计算的一种，指通过网络"云"将巨大的数据计算处理程序分解成无数个小程序，通过多部服务器组成的系统进行处理和分析这些小程序，得到结果后返回给用户。云计算早期，就是简单的分布式计算，解决任务分发，并进行计算结果的合并。因此，云计算又称为网格计算。通过这项技术，可以在很短的时间内（几秒钟）完成对数以万计的数据的处理，从而达到强大的网络服务。

第四，云存储。云存储是一种网上在线存储的模式，即把数据存放在通常由第三方托管的多台虚拟服务器，而非专属的服务器上。托管公司运营大型的数据中心，需要数据存储托管的人，则透过向其购买或租赁存储空间的方式，来满足数据存储的需求。数据中心营运商根据客户的需求，在后端准备存储虚拟化的资源，并将其以存储资源池的方式提供，客户便可自行使用此存储资源池来存放文件或对象。实际上，这些资源可能被分布在众多的服务器主机上。

第五，网络协议标准。网络协议标准即网络中（包括互联网）传递、管理信息的一些规范。如同人与人之间相互交流需要遵循一定的规矩一样，计算机之间的相互通信需要共同遵守一定的规则，这些规则就称为网络协议。而为各种无线设备互通信息而制定的规则，我们把它称之为"无线网络协议标准"。

第六，区块链。区块链是一个信息技术领域的术语。从本质上讲，它是一个共享数据库，存储于其中的数据或信息，具有"不可伪造""全程留痕""可以追溯""公开透明""集体维护"等特征。基于这些特征，区块链技术奠定了坚实的"信任"基础，创造了可靠的"合作"机制，具有广阔的运用前景。

所以，元宇宙所需要的基础设施基本上就是以上几类，这几类就是构建元宇宙最基础、最根本的设施。

73问：AR、VR、MR有什么异同？

AR、VR、MR也被统一称为XR，其实X就是表示一个"不确定"，这一点，我们之前也都详细的说过，这里就不再赘述了。

我们这个问题主要来解决一下，目前所应用于元宇宙的AR、VR、MR有什么异同。

VR：指的是虚拟现实技术是一种可以创建和体验虚拟世界的计算机仿真系统它利用计算机生成一种模拟环境是一种多源信息融合的交互式的三维动态视景和实体行为的系统仿真，使用户沉浸到该环境中。简单来说，就是能够通过设备，将一个人从现实物理世界带入网络虚拟世界。

AR：增强现实是一种实时地计算摄影机影像的位置及角度并加上相应图像的技术，这种技术的目标是在屏幕上把虚拟世界套在现实世界并进行互动。简单地说，就是让现实物理世界中的人能够通过屏幕等媒介，让自己能够与网络虚拟世界中的一切事物进行互动。

MR：混合现实技术是虚拟现实技术的进一步发展，该技术通过在虚拟环境中引入现实场景信息，在虚拟世界、现实世界和用户之间搭起一个交互反馈的信息回路，以增强用户体验的真实感。MR目前来说应用的不是很多，而且MR是AR、VR的结合体。

我们来简单地说一下它们之间的关系：

首先，起床、刷牙、穿衣服、上班，这是现实。

其次，当你想象自己变身为《钢铁侠》里的托尼·史塔克或《蝙蝠侠》中的小丑，这就是虚拟现实(VR)。

再次，你去上班了，你是一个维修拖拉机的新手，于是老板给你一副AR眼镜，于是你一边学一遍修，最终完成了老板交代给的任务，这就是（AR）。由此可见，AR眼镜就仿佛拥有一个不可或缺的同事，可以在紧要关头提供帮助。

周末，你的爱人说家里还缺一个沙发，于是，你想要购买一个红色的沙发，但是在购买前你还是要考虑一下爱人的建议，这时候，你使用了智能眼镜中的VR功能。在眼镜中调出了宜家Place应用程序的VR模式，然后你需要让你的爱人去坐在她最喜欢的沙发上，就这样，当你爱人毫不犹豫坐在红色沙发上时，你们俩就达成了意见一致，买一款红色的沙发。

看到没有，这就是这几者的区别，他们可以是相辅相成的关系，也可以是独立存在的关系，但是无论是哪种关系，都是在你的生活中起着重要作用的关系，能够让你足不出户，完成一切生活中的大事小事。

74问：元宇宙如何进行互动？

关于如何进行互动，笔者认为应该从两方面进行分析。

第一方面，元宇宙具有多人开放游戏的特性，也就有网络游戏的特性，网络游戏是怎么互动呢？是通过做任务、打 BOSS 等，也就是说，未来元宇宙上也会有任务，这些任务就像是实际生活中的工作一样。举个例子，很多游戏都是这样的，比如，我们要通过工作赚钱，然后用赚来的钱来购买一些生活必需品，这类游戏也不少，包括养成游戏在内都是这样的互动游戏。

不仅如此，赚到的虚拟币不仅能够在游戏里消费，而且还能够通过元宇宙变现，变成现实生活中的现实货币。也就是说，元宇宙的出现可能会给很多人带来一些生计。比如，我们在元宇宙开一家小超市，二十四小时营业，然后就需要你为过往的人们提供饮料零食等，根据商品不一样，购买不同的商品时会付给你相应的虚拟币。然后，你的虚拟币除了一部分留在元宇宙用于进货，还有一部分可以通过元宇宙账户提现。

竞技类的就是你能够通过赛跑赢取多少虚拟币，然后将这些虚拟币转换为现实货币。这就是元宇宙最大的优势，能够为现实中的人提供更多的赚钱渠道。可以兼职，或者说可以全职，总之，这是互动之一。

另一方面的互动就是消费了，你可以在元宇宙消费。比如你要在元宇宙买一套房子，整个流程或许和你在现实世界一样，你需要被中介领着去看房子，然后根据自己的经济能力向银行贷款，最后买下房子。每个月要进行还贷款，这样真实的生活照搬到元宇宙，也可能因为元宇宙相对来说房产便宜一点，你有足够的虚拟货币直接购买。但是，之前有一个新闻报道，元宇宙的房产价格要比美国某大城市的房产价格还要贵，所以，全款无望。

买了房子就要庆祝一下，于是，你邀请了元宇宙的好朋友，需要注意的是，这些好朋友在现实世界里和你不认识，甚至和你相距千万里，但是在元宇宙大家都是好朋友，会在一起唱歌跳舞逛街。总之，这一类互动就像是一个活在现实世界中的普通人一样，交朋友、认真工作、用钱买房子等。

元宇宙的互动实际上就是和我们在现实生活中互动一样，有社交，有工作，因为元宇宙就是要打造出一个与现实世界一模一样的网络虚拟平行世界，所以互动上不会有特别的地方，最多就是能够按照你的意志让自己的人生和现实世界不同。但是，你在元宇宙的互动还是要仿照现实世界，任何社交都有着本质相同的特点。

75问：真人IP和虚拟IP之间的关联和区别有哪些?

真人 IP 是什么呢？简单地说，真人 IP 是真实的人。虚拟 IP，是被创造出来的。

但是，元宇宙上到底是真人 IP 还是虚拟 IP 呢？

首先，元宇宙是希望能够打造一个和真实世界完全没有关联的平行世界，也就是说在元宇宙上是不能出现真人 IP 的，必须是虚拟的，但是现在我们觉得自己在某些平台上也是虚拟的 IP。这两者是不一样的，虽然我们是在其他平台上有一个昵称，有一个不同于现实中我们的人设，但是，我们所用电脑的 IP 地址是现实世界的。元宇宙中的虚拟 IP 是要就连 IP 地址都是要虚拟的，就像是我们看到一些电话，它不是电话打来的，而是网络电话打来的。电话有一个真实的电话号码，网络电话没有真实的电话号码，是随机生成的号码。

其次，为什么我们要在元宇宙用虚拟 IP，实际上也是为了保护我们自己，另一方面就是为了让自己拥有不同于现实的人生。如果说，我们的 IP 地址还是真实的，不管我们在元宇宙上做了什么，最终还是要映射到我们这个人，就是真实世界中的我们，像是现在被网络人肉，信息被扒出来是分分钟的事儿。但如果我们在元宇宙就连 IP 地址都是虚拟的，可能就不会有人知道你在元宇宙做了什么,你在元宇宙所作所为,真的是天知地知你知的一个状态。

最后,元宇宙最终会被打造成为释放真实自我的一个空间,这个空间不需要真实的你,不需要你作为真人的IP,更不能够暴露你的真实IP,而是一切都是虚拟的。这就是虚拟IP将会给人们带来的便利,你永远不用担心自己在元宇宙的所作所为会映射到自己的现实生活中。

76问:企业元宇宙能够通过虚拟币进行业务吗?

元宇宙是要通过虚拟货币进行业务的,作为企业是否也能通过虚拟货币在元宇宙进行业务呢?答案是肯定的,因为虚拟货币本身就是元宇宙的五大特点之一。

第一个特点,虚拟身份。每一个现实中的人在元宇宙都会有一个自己的虚拟身份,也就是一个ID;第二个特点,社交关系。就是说每一个人在元宇宙都可以延伸出自己新的社交关系,和现实世界无关,你所有的朋友也都是元宇宙里面的ID;第三个特点,极致的在场感,就是低延迟和沉浸感所共同作用下的在场感。如果你和朋友在打视频电话的时候,她的网速和你的网速都够快,就会有一种在通话的感觉,但是如果一方的网速不够快,就好像是一个人在自言自语;第四个特点,极致开放性,就是特别开放的开放性,随时随地随时进入;第五个特点,完整的经济体系,也就是虚拟货币在元宇宙的应用。

从上面五点我们能够得知，在构成元宇宙的诸多要素中，公平的经济系统被认为是驱动元宇宙运行的核心，区块链则在其中发挥着重要的作用。

一些金融界的从业者认为，元宇宙的本质是建立在互联网基础上的虚拟社会。在"元宇宙"中，数字产品的创造、交换、消费等所有环节都可以在数字世界中进行，人们可以在数字世界中完成从游戏、创造、娱乐、展示、社交以及交易等全方位的体验，沉浸感、参与度都达到新的峰值。因此，由区块链构建的信任体系是元宇宙的基础设施，是元宇宙经济系统的基础。

对于企业在元宇宙中的地位，金融界从业者则认为，只有构建了公平的经济体系，才会让所有的参与方得到公平的对待，获得回报。安全、规则是保障元宇宙运行的基础，包括个体的隐私安全、机构的数据和网络安全等，因此区块链的不可篡改特性，天然成为元宇宙中的底层基础。

不得不说，在大数据时代，区块链只是我们在虚拟世界中的物品成为数字物品，但在元宇宙中，就不是单纯的数字物品了，数字物品还可以变成数字资产。

作为在元宇宙开公司的人来说，也是一样，元宇宙本身就是打造出了和现实世界一模一样的平行宇宙，唯一不同的，就是现实世界使用的是现实货币，元宇宙使用的是虚拟货币。

第十章 元宇宙指数体系

77问：元宇宙指数体系是什么？

元宇宙指数体系包括：第一，元宇宙企业发展指数；第二元宇宙行业发展指数、元宇宙泡沫指数、元宇宙社会认知指数。其中，发展指数是衡量某一领域发展程度的一种数据标准。如果以某一具体时期为基准，以1或100为基数，使该领域在基准时期产生的原始数据与基数相对应，则基数与基准时期原始数据之比乘以考察时期产生的原始数据即为该领域在考察时期的发展指数。

所以，元宇宙指数体系实际上就是对企业、行业、社会认知的指数。另外，泡沫指数为人们提供了一个新的认识市场运行走势的新视角。市场中泡沫的变化对股指走势有很大影响：一般说来，泡沫初起之时，市场会走向繁荣；当泡沫积累到一定程度后，市场调整的风险就会加大。因此，泡沫指数从一个侧面反映了市场未来运行态势的变化。

通过泡沫指数能够让投资者有更加理智、理性的投资行为。

78问：元宇宙行业发展指数是什么？

第一，技术发展，占总指数的20%。

研发投入，代表性公司年报，还是需要看懂企业年报。

论文数量，新增相关论文数量，这个是与指数成正比。

专利数量，新增相关专利数量，同理，与指数成正比。

第二，产业规模，占总指数的20%。

企业数量，行业企业数量，数量多并不代表质量，但是如果数量太多也可能是产业衰退的预兆。

资金规模，企业注册资本总额，注册金额越大越说明企业有能力，同样，如果金额越小，可能就代表着企业能力欠佳。

第三，市场规模，占总指数的25%。

产品规模，在售产品数量，在售产品销量，产品永远是企业的前线阵地，产品好坏、销量高低直接影响了企业的现状与发展，也影响了投资者的决策。

消费规模，代表公司销售收入，这一点很容易被忽略，但是，有趣的是这一点往往不被体现。

用户规模，月活用户数量，用户数量是一个参考点，还是需要重视。

第四，产业活力，占总指数的 15%。

企业活跃度，初创公司数量，数量与活力是正比，初创公司越多，说明整个产业越具有活力。

资本活跃度，投融资笔数，投融资总额，资本介入的程度，也能表现出该产业是否值得投资者入场。

第五，产业环境，占总指数的 20%。

社会环境，元宇宙社会认知指数，网民对元宇宙的了解、理解与认同。

政策环境，评估打分，国家层面对元宇宙的态度。

79问：如何看懂元宇宙社会认知指数？

元宇宙社会认知指数，包含有以下几点：

第一，传播度，20%，全网声量，TOP100 微博转发数，TOP100 微信文章阅读量，相关社交媒体账号数量。

第二，好感度，50%，全网舆论情感分析，微博 TOP100 热文情感分析，微信 TOP100 热文情感分析。

第三，关注度，20%，相关关键词百度指数，相关关键词谷歌指数。

另外，要明白社会认知指数 = 泡沫指数 + 行业发展指数，千万不要把社会认知指数当作是行业发展指数。

80问：如何看懂元宇宙企业发展指数？

和产业发展指数差不多，需要从四方面对企业进行分析：

第一，开发能力，占总指数的20%，研发投入、新增专利数、新增论文数，其实就是看企业的专业水平，比如其技术水平、研发水平等。

第二，市场份额，占总指数的30%，产品市场占有率，还是看产品，产品是否能够被市场所接受，是否有一定的市场基础。

第三，资金状况，占总指数的30%，市值、销售收入、净利润、融资额，看的是企业的本身能量、资金能力，以及资本介入的能力。

第四，品牌影响，占总指数的20%，知名度、美誉度、关注度，就是站在品牌宣传的角度，看一个企业是否具有影响力，但是，在判断的时候，以上三点更加重要。

81问：元宇宙的发展阶段有几个？

以10年作为一个周期去展望元宇宙未来的发展，有以下三个关键阶段：

第一阶段，是近10年，元宇宙概念依旧集中于社交、游戏、内容等娱乐领域，其中，具有沉浸感的内容体验是这个阶段最为重要的形态之一，并带来较为显著的用户体验提升。软件工具上分别以UGC平台生态和能构建虚拟关系网的社交平台展开，底层硬件支持依旧离不开今天已然普及的移动设备，同时，VR/AR等技术逐步成熟，有望成为新的娱乐生活的载体。

这个阶段元宇宙连雏形都没有，大家参考的就是游戏，但是游戏又不能完全代表元宇宙，所以，这一时期属于网民和元宇宙一同摸索期。

第二阶段，将发生在2030年左右，元宇宙的渗透主要发生在能提升生产生活效率的领域。以VR/AR等显示技术和云技术为主，全真互联网指导下的智慧城市、逐步形成闭环的虚拟消费体系、线上线下有机打通所构成的虚拟化服务形式以及更加成熟的数字资产金融生态将构成元宇宙重要的组成部分。

技术上的提升势必能够具有构建元宇宙的能力，所以这一时期，我们会有幸看到元宇宙真正的雏形，而不是通过文字来脑补元宇宙。

第三阶段，元宇宙终局形成，也许是在2050年。这其实是开放式命题。尽管目前各项前沿技术在快马加鞭，人类需求的升级节奏不断加快，在一定程度上都加速了元宇宙的进度，但不确定性依旧很多。

元宇宙有了雏形之后，也必然要经过长期的时间进行丰富，所以，我们无法判断真正的元宇宙到底什么时候才能来到我们身边，但是，我们清楚这个时间必然不会很短，可能是一个世纪，也可能是两个世纪。而这一切的基础，就是现在。

82问：元宇宙发展曲线规律是什么？

第一时期，潜伏期。技术停留在实验室中，这一时期元宇宙有一个大概的概念，就像是小说中提出元宇宙概念一样，艺术作品里面已经开始出现对平行宇宙的描述。

第二时期，准备期。相关技术相继成熟，企业推出相关概念及发展战略，行业媒体关注，这一时期出现了能够支撑元宇宙发展的技术，比如互联网技术的出现、通信技术的出现等。

第三时期，高潮期。特定时间导致行业出圈，出现若干明星企业与产品，引起全社会关注，资本与舆论追捧，这一时期必然是整个概念被更多的人所了解，同时，资本也已经开始介入，元宇宙处于被追捧的期间，这一时期的技术也得到了飞速发展。

第四时期，冷却期。过于乐观的社会期待破灭，舆论退潮，投机资本离场，和很多新兴概念一样都会遇到这样的情况，比如元宇宙绝非几年、十几年就可以构建出来的，那么资本是否能够等到构建成功，还是说元宇宙是否能够按照自己的蓝图构建出来，都是一个未知数，在这个未知的前提下，元宇宙势必会进入冷却期。

第五时期，确定期。产业形成稳定盈利与发展模式，经过冷却，反而能够提升技术、应用的支持，从而确定下来，随即会进入发展的各个阶段。

第六时期，衰退期。资本与舆论被新兴行业吸引，产品减少，用户离开，每一个新兴产业都将成为习以为常的产业，也会有更新兴的产业吸引资本的目光，吸引用户的目光。这是必然的。

83问：元宇宙的指数泡沫体现在哪些方面？

据媒体报道，在海外，不仅有号称元宇宙第一股的 Roblox，Facebook、谷歌、亚马逊、迪士尼也纷纷布局元宇宙；国内腾讯、网易、字节跳动等互联网大厂已悉数入局元宇宙赛道。

资本的入局代表元宇宙不再是数年前的"空中楼阁"，其实际应用推广已经进入快车道，是一个具有相对确定性的发展机会。游戏作为元宇宙的主要载体，必将成为元宇宙高速发展的核心受益板块。

目前，全市场有三只游戏 ETF，分别来自华夏基金、国泰基金、华泰柏瑞基金，三只游戏 ETF 均跟踪中证动漫游戏指数。

中证动漫游戏指数的 30 只成分股中，有 19 只与元宇宙概念指数重合，这 19 只成分股的合计权重达 72.30%，说明中证动漫游戏指数与元宇宙概念指数高度重合。

元宇宙不仅是在国内游戏行业火爆，在海外二级市场体现得更加鲜明。比如"元宇宙"第一股 Roblox 股价一飞冲天，叠加三季度良好表现，

11月9日Roblox股价跳涨42.23%，市值一举突破600亿美元。国内投资者怎样才能分享"新世代"的红利呢？有QDII基金（指在一国境内设立，经该国有关部门批准从事境外证券市场的股票、债券等有价证券业务的证券投资基金）重仓了Roblox，如广发全球科技三个月定开混合（QDII）C美元。

然而，在这个新闻发布一个月之后，却遭遇几天大跌，其跌停原因有三个：一是前期过度炒作，股价虚高；二是元宇宙概念目前还只是概念，暴涨之后注意暴跌风险；三是该股近期有解禁股的重大利空消息，所以那些没来得及跑出的散户，已经没办法逃出去了。

所以，投资市场是残酷的，而这样的残酷更好地向我们展示了元宇宙泡沫指数的存在及其杀伤力。所以，入场需谨慎，投资者尤其是散户，还是中立观望比较稳妥。

84问：如何通过元宇宙指数来判断元宇宙的发展趋势？

通过指数也不能特别容易判断出元宇宙的发展趋势，不过以现在的情况来看，元宇宙的发展趋势大致体现在以下几点：

第一，创作升级。人工智能创作内容将会在未来成为一个趋势，另外，低代码、零代码、自动生成内容也将成为趋势。但是对于这样的说法，有些人还是有点不认同，毕竟，人的思维和人的感情所写出来的内容不是人工智能这种没有感情没有想法的机器可以达到的。

第二，计算升级。计算肯定是要升级的，算力是元宇宙发展的基石。元宇宙通过人工智能、AR/VR、物联网、区块链等核心技术的融合赋能产业、治理、科研三大板块，促进智能经济的高质量发展，而这些技术的应用将成为未来算力发展的核心驱动力。算力不升级，构建元宇宙就好像是空口说白话。

第三，体验升级。现在的体验升级是具有显著成绩的，比如人的五官，尤其是视觉、触觉、感觉，通过穿戴智能设备能够给我们不同的体验。如果有一天XR的价格也美好，且穿戴方便的时候，XR就真的会改变我们的生活，或者说改变我们真实的生活。

第四，商业升级。元宇宙本质上仍然是互联网，所以，相对来说，通过互联网所进行的商业行为会更加直接切入我们的生活和工作。大数据和人工智能，会在未来变得比我们更懂我们自己。

以上这些趋势也是指数告诉我们的，现阶段关于这几方面的企业指数是非常高的，不管是从专业技能还是从资金资本介入来看，都是非常乐观的，但是，元宇宙未来的发展趋势肯定不仅仅是创作、技术、体验和商业上的升级。我们在这里，也只能是浅显地分析一下，但接下来，元宇宙会如何发展，我们拭目以待。

85问：元宇宙会不会按照产业发展的六阶段进行？

只要是产业，就会按照产业发展的阶段进行，所以，我们先来看一下产业发展的六阶段都是什么，再来判断元宇宙会不会按照六个阶段来进行。

第一个阶段，工业化的起初阶段。即工业化首先是从以轻工业为主导开始的。在重工业之前，大家都是从事轻工业发展的。

第二个阶段，重工业化阶段。工业由以轻工业为重心的发展向以重工业为重心的发展推进，产业以资本密集型产业为主，即所谓"重工业化"或"重化工业化"。这个阶段就是进入了炼钢成功之后，那是要做什么呢？改造城市，把土屋砖房都变成钢筋水泥，这就需要更多钢铁，然后不需要砸锅卖铁了，自己有能力铸钢铸铁了，重工业就发展起来了。

第三个阶段，高加工度化阶段。即重工业化过程中由以原材料为重心的结构转向以加工、组装工业为重心的结构。这个阶段，实际上开始了产业结构的技术密集型产业比重提高的阶段。这一阶段就好像是能够铸钢了，所以对钢管的需要不一样要做出不一样的钢材，口径大小不一样的钢材就出现了，这一时期就是按照需求铸钢炼钢。

第四个阶段，技术高度密集化阶段。在这个阶段，各工业部门越来越多地采用高级技术，导致以知识技术密集型为特征的尖端工业的兴起。这一时期，就是要产出一些更具特色的特色钢管，比如螺纹钢，就是钢管上面要有螺纹，根据更具体的需求，通过技术高度密集作业，产出更具有特色、功能的钢管。

第五个阶段，高新技术化阶段。这时候光会铸钢也不行了，要把铸钢的技术运用到更多的方面，也同样要根据不同的需求发展其他行业，比如，大力发展航空航天工业、大规模集成电路、新型电子计算机、新材料、新能源等高新技术的新兴部门，以及生物工程、激光技术、光导通信等新技术群，资本密集部门的领先地位逐渐为高新技术部门所取代。

第六个阶段，是不断创新阶段。提高工业产品竞争力，不断加大技术创新投入，通过实施名牌推进战略、技术转移战略，工业产品结构得到进一步调整和优化，一批知名品牌脱颖而出，高技术含量、高附加值的产品比重逐步提高，推动了企业技术进步和核心竞争力的增强。从砸锅卖铁炼钢，到最后炼螺纹钢，接下来就把钢材运用到更多的产业中，同时发展更多的产业。最后，要求创新，就是钢材不只是用来基建，还可以用来做保温杯，做各种材料等。

产业发展，尤其是工业发展就是这样的一个层次和逻辑，从单一到多元化，从粗糙到精细，那么元宇宙是否也会如此呢？

现在来看也是差不多的，比如元宇宙一开始肯定是要从最底层逻辑和最底层技术开始，然后逐步像是盖楼一样层层递进，但不同的是，元宇宙一开始要比工业产业复杂得多。这一点，也是元宇宙的特色所在，就像工业产业像是下五子棋，而元宇宙就是在下围棋。

风险篇

第十一章　元宇宙产业生态系统健康度

86问：当前元宇宙产业为什么会处于"亚健康"状态？

为什么元宇宙产业会处于亚健康状态，首先要知道元宇宙产业包括哪些？

首先，元宇宙产业包括了网络技术，网络技术为什么属于亚健康呢？说白了全世界还有很多地区没有可以支持元宇宙的5G网络技术，大家普及的可能只是2G网络技术，所以，从网络技术上来讲，现在技术还没有到位，就像一个人想要出去工作，结果发现自己的身体不允许。

其次，元宇宙需要穿戴智能设备，我们之前也说了很多穿戴智能设备，从头到脚有手表、眼镜、鞋子，甚至是裤子、上衣，但是，这些穿戴智能设备并不能很完善地让我们顺利，或者说没有质疑地进入到元宇宙。就拿眼镜来说，现在的VR是一个笨重的设备，戴上它的时候，就会感知自己的眼前有东西。如果说，当VR最终形态成了一副近视镜的样子，这才能说这项技术真正达到了健康状态，现在厚重的智能穿戴设备，的确没办法让人更自然、顺畅地进入到元宇宙。

最后，终端技术。元宇宙最终要打造出来一个和现实世界一模一样的平行世界，但是，现在的技术并不具备。元宇宙能否通过代码迅速地完成变化莫测的基建呢？以现在的技术来说无法达到，哪怕五年之后，也存在困难。

除了技术以外，更难的还有制度，还有体系的搭建，这些都没有完全具有实力，可以说，如果元宇宙是一个人，那么一定是一个身体亚健康的人，因为有太多的地方都需要提升改进。不过，我们也必须要清楚，现在元宇宙还处于初期发展阶段，具有新兴产业的不成熟、不稳定的特征也是合理的，未来发展不仅需要技术创新引领，还需要制度创新的共同作用，才能实现产业的健康发展。

87问：元宇宙产业发展十大风险是什么？

元宇宙虽然是个新鲜事物，但是它的风险已经被总结出来了，具体来说有十大风险：

第一，资本操作。资本是可怕的，资本很容易给人以误导，有时候会让人对一个事物丧失警惕性。比如，元宇宙现在还是雏形期，或者说连雏形期都不算，只是一个概念，在构建上与多人开放游戏相似，大家对元宇宙最大的理解就是一个去中心化的多人开放游戏。这时候，资本的介入，一方面给了更多人以信心，另一方面也存在着炒作的嫌疑，要知道资本介入之后，是想要得到更多的资本。

第二，舆论泡沫。非理性的舆论泡沫呼应着非理性的股市震荡，吆喝声越大越容易吸引他人的关注。咱们举个例子，一个人说某家餐厅的饭真的很好吃，大多数人是不相信的，但是一个美食博主或者是一本美食杂志、一篇美食报道说这家餐厅真的很好吃，是不是有一些人就会想要去尝试一下？试一试的心态和行为就是舆论泡沫，结果这家的饭不仅不好吃，还很贵，之所以有宣传效果，都是公关的宣传。

第三，理论值约。如何在去中心化的框架中构建元宇宙的理论框架共识，仍需从多视角去进行探索。很多人觉得元宇宙是能够实现去中心化的，但是，真的能否去中心化还需要技术支持。区块链和元宇宙不一样，区块链只是针对虚拟货币这一方面，就像是我们做一个账本，而元宇宙是要做一个世界，所以，能否做到去中心化，真的不一定。如果去中心化成了空话，元宇宙不过是一个规模更大的游戏时，元宇宙就不具备它所展现出来的价值。

第四，垄断张力。各家巨头间的竞争态势，决定了其生态的相对封闭性、完全的开放和去中心化很难实现。为什么说元宇宙去中心化很难，也是因为元宇宙涉及的技术太多了，相应涉及的企业也多，且都得是大型企业，说白了就是在现实世界打造元宇宙的时候，就运用垄断，比如技术垄断、资本垄断。在垄断为基础的前提下，元宇宙又该如何独善其身地实现自己去中心化的特性呢，所以，因具有垄断张力的风险，元宇宙是否能够建立雏形都成了问题。

第五，产业内卷。概念上的突破并未从本质上改变产业内卷的现状。虽然大家都盼望着元宇宙能够突破内卷，但是现阶段的元宇宙是存量市场，其特点就是内卷，而且这个特点只会延续更久，不会结束，除非是等到几年、十几年、几十年之后，元宇宙真的从存量市场到增量市场，内卷才会消失。所以，内卷风险，基本上会伴随着元宇宙的成长。

第六，算力压力。如何保障云计算的稳定性、低成本算力资源等诸多问题都有待解决。举个例子，我们想要盖一栋楼，这栋楼要求有一百米这么高，但是，给我们什么工具呢？不是吊车，而是一个梯子。试问，用这扶梯能否盖出高达一百米的楼？别说一百米，五米都难。这就是现在算力和元宇宙之间的关系，算力就是梯子，元宇宙就是百米高楼，对于梯子来说，压力很大。

第七，经济风险。经济风险可能会从虚拟世界传导至现实世界。经济风险最容易从虚拟世界传递到现实世界，因为虚拟世界的虚拟货币需要现实世界的现实货币换取，这种经济风险就直接转嫁给了现实世界。

第八，沉迷风险。过度沉浸虚拟世界亦有可能加剧社交恐惧、社会疏离等心理问题。比如，元宇宙具有虚拟现实补偿的效果，一个在现实生活中生活不如意的人，可能就会永远待在元宇宙的世界不愿意出来，结果呢？深度沉迷的最后必定是自取灭亡，沉迷风险是游戏类无法避开的大坑，元宇宙实际上是带有游戏元素的，所以，沉迷风险将来必将是人类面对元宇宙的一个重大问题。

第九，隐私风险。个体隐私数据作为支撑元宇宙持续运转的底层资源，需要不断更新和扩张，数据资源合规手机，储存于管理尚待探讨。在大数据下，我们的隐私不能得到很好的保障，元宇宙就更难进行隐私保障了，除非在元宇宙出现之后也出现一些更好的技术，如果没有，个人隐私数据势必会成为一个大漏洞。

第十，知识产权。多主体协作与跨越虚实边界的改编应用很可能会引发产权纠纷。把现实世界的知识运用到元宇宙，需要版权吗？很多人可能觉得，我又没有在现实世界运用，应该不算，但是这又侵犯了现实世界版权人的权益。另外，多人创作、集体创作的知识版权该如何分配呢？面对知识产权这一问题，看似不是个大问题，实际上却影响着整个元宇宙的发展进程。

以上，就是元宇宙存在的十大风险，现在元宇宙还没有出来一个确切的雏形，但是问题和风险却已经摆到明面上，也就是说在构建元宇宙的过程中一定要以解决以上问题为目标，只有如此，当元宇宙出现时，元宇宙才能更好地保障每一个身份的安全，建立起更加安全、健康的生存体系。

88问：所谓的舆论泡沫风险是什么？

舆论泡沫就是吹泡泡吹得太大，破了就变成泡沫，说得专业一点，就是在资本的吹捧下，非理性的舆论会产生非理性的股市震荡。巴菲特在一次太阳会议上曾经发表过一番言论，那时候互联网这个名词要比元宇宙更加疯狂，很多人都不允许别人说互联网不好，资本亦是如此。

在资本的大力吹捧下，科技股非常高，而且越来越多的人买入科技股，纳斯达克的股指高到不可思议。大家都在疯狂地进入一个神奇的狂欢中，这时候，巴菲特说，我们现在追捧的甚至是没有实际概念的东西。然后，巴菲特就被全世界一些金融专家等称作"股神已经老了"。

然而，半年之后，纳斯达克的科技股突然大跌，一开始，一块钱一股的科技股，在纳斯达克能够卖到一千块钱一股。当纳斯达克科技股大跌的时候，已经一千块钱一股的科技股，最终跌到了负三千块钱一股。这是真实发生在纳斯达克的事情。

当时，是什么把互联网推向了绝境，就是舆论泡沫。舆论泡沫就是无底线地吹捧。我们拿P2P来说，在几年前，大家都在吹P2P，平台大吹特吹，就连投资者也跟着吹捧，最后呢？大批平台突然就倒闭了，很多平台一夜直接没人了，投资者们少则几万，多则上千万的资金被席卷一空。

所以，我们必须要对舆论泡沫风险具有抵抗力。

从产业发展现实来看，目前元宇宙产业仍处于社交+游戏场景应用的奠基阶段，还没有实现全产业覆盖和生态开放、经济自洽、虚实互通的理想状态。而且，元宇宙的概念布局仍集中于 XR 及游戏社交领域，技术生态和内容生态都尚未成熟，场景入口也有待拓宽，理想愿景和现实发展间存在漫长的去泡沫化过程。

当然，元宇宙未必是泡沫，因为它依托于真实且应用中的一些技术，通过升级构建出来的，即便这样，我们也不能盲目乐观地投资元宇宙，就像是官方媒体所说的，我们现在要持有观望态度，要冷静地去看待元宇宙，等到元宇宙通过时间将泡沫去掉之后，才是入场的最佳时机。

89问：为何元宇宙在亚洲国家关注度颇高？

亚洲国家对元宇宙的关注度还是非常高的，尤其是中国对元宇宙的关注度在全球来说是最高的，这是怎么回事呢？我们一起分析一下：

中国近两年在互联网技术上面的发展可以说是日新月异，技术上，现在的中国不说是拔得头筹，也是中坚力量。

尤其是移动互联网在中国的应用，在中国只需要一部手机，就能够完成每一天的吃喝拉撒等日常生活，就算是境内旅游，只需要一张身份证，一部手机就能够"仗剑走天涯"了。这就是中国移动互联网的现状，所以，这就是为什么对于元宇宙来说，中国网民更加关注，因为技术达到了某个阶段，移动互联网可以应用于各个生活细节，在技术上，是没有后顾之忧的。

中国具有上网能力的网民就有七八亿，尤其是跟着互联网一起成长的"90后"们，已经是中国社会坚实的网民群体。

中国网民还有一个特点就是喜欢新鲜事物，比如新概念、新技术、新事物，就算是P2P这样毫无技术可言，在中国也是驰骋了近十年，有大批的投资者对这一新事物保有期待。网民基础大，人数多，就算是按比例来看，中国的关注度之所以高，也是因为这一原因。

市场对元宇宙的期盼。很多企业都在做相关技术的产品，所以，整个市场对于元宇宙还是有很大的期盼。实际上，在元宇宙概念推广的时候，我国A股市场曾经一下子火起来25个概念股，这些概念股无一不是与元宇宙有着关联。所以，从市场角度来看，企业需要元宇宙，投资者也需要元宇宙。

因此，投资者对新概念，尤其是有技术依托的新概念、新事物特别感兴趣，而且现在不管是百度、腾讯还是字节跳动，这些大公司都在资本介入元宇宙，这就给了市场很大的信心，同样也给了投资者很大的信心。

而以韩国、日本为例，他们的政府更加关注元宇宙，甚至是拨出专项款来发展元宇宙。因为全社会的支持态度要远远高于西方国家，因此，总体来看亚洲国家就属于更加关注元宇宙的群体。

90问：关注度与股市波动形成强联动的表现是什么？

近年来，投资者关注对股市的影响研究已经成为解释金融异向的有力工具。互联网技术的迅猛发展产生了大量的信息，使得原本十分有限的投资者注意力变得愈加紧张。投资者将有限的注意力分布给自己感兴趣的股市信息，势必会对股市产生一定的影响，因为有非理性投资者存在，这将会股市带来一定波动，使得股票价格不能正确地反映其价值。

2021年9月8日，"元宇宙"概念强势上攻，概念板块中25只个股集体飙升！中青宝连续两天涨停，数码视讯、汤姆猫也快速拉升20%至涨停。

2021年12月21日，在A股市场，超40只地产股涨停后，22日低价炒作迅速降温，Wind低价股指数高开低走收下长阴，板块成交额再创历史新高。但是，元宇宙板块整体活跃，宝鹰股份4连板、中装建设2连一字板，天舟文化等集体涨停。

为什么元宇宙会影响股市？

第一，元宇宙是应用科技发展的结果，从发展速度来看，最多一二十年，也就会出现，就像是区块链经过了十多年的发展，就可以见真知了。元宇宙现在作为一个全新领域，给了投资者不少的机会，很多投资者也是看准了未来元宇宙的发展，才肯下本投资元宇宙，也是希望自己能够在新事物发展之初让自己占得优势。

第二，互联网发展多年，现在的互联网不管是从技术上还是从渠道上，都已经接近天花板，或者说进入瓶颈期，这时候就一定要有一个东西能够带领互联网突破，元宇宙正巧就是这样一个互联网技术应用的新技术，甚至是突破点。尤其是在中国，中国对于元宇宙有着非常大的优势，首先体现在人口上，虽然现在没有什么人口红利可以说，但是规模巨大的中国网民将会创造更多的消费点，为元宇宙实现打下坚实的基础。而且，中国5G技术已经非常完善了，因此，从技术底座上，从网民人数上，中国市场将成为元宇宙的重要战场。此外，中国企业具有丰富的创新精神，也会在发展源于中起到非常大的优势。

第三，国家的态度。国家中立而客观地分析了元宇宙，并且阐明元宇宙需要时间，国家层面支持元宇宙所应用的技术，支持技术发展，实际上就是在推进元宇宙的发展。另外，对于国家来说，元宇宙的发展一是能够带动科技发展，二是能够带来产业链的发展，所以，元宇宙对于国家来说，是值得推动的。

可见，关注度与股市是成正比的，大家关注元宇宙，更能够看到元宇宙对现实世界的推动作用，因此也就更加希望元宇宙能够快速构建起来，而投资者看到资本介入，也有信心推动元宇宙股票的上涨态势。

91问：NFT、XR为什么会成为元宇宙中高频词的共现词？

首先，我们来解释一下什么叫作"共现的词汇"，实际上就是指以一定频率共现于同一语篇中的词。那么，为什么NFT、XR成为高频词的共现词汇？

XR就不用过多解释，就是指AR、VR、MR等技术，XR不是近年来才有的，追根溯源，早在1933年电影《金刚》应用"邓宁蓝幕技术"开始，绿幕抠像+后期制作是现下绝对主流的特效视频拍摄方式。

人们可以将演员或实物，放置在任何剧情需要的奇幻炫酷场景中，比如，《阿凡达》瑰丽奇异的潘多拉星球，《流浪地球》的冰封北京城，甚至是虚拟演播室里的卫星云图展示，都是采用了绿幕抠像+三维场景渲染技术。

不过XR词汇的提出，可以追溯到CO Allen于2014年的申请的一份专利，也就是说技术早就有了，但是名称的确是这几年来刚刚提出的。需要注意的是，XR被深度应用于各类游戏中，因此，对于游戏来，XR是必不可少、不可或缺的技术支持。

元宇宙本身就与游戏有着密切的关系，所以，在元宇宙中XR能够成为高频词共现词汇也不足为怪。

从某种意义上来说 NFT 与 BTC 有一点像，但又不是同一类。具体来看一下：

第一，NFT 前面我们也说过了，NFT 是 Non-Fungible Tokens 的缩写，意思是不可互换的代币，它是相对于可互换的代币而言的。不可互换的代币也称为非同质代币。

第二，NFT 有一点点像 BTC，因为两者都是基于区块链技术的加密虚拟代币，但是 BTC 是同质代币，而 NFT 是非同质代币。同质代币就是说我们每个人拥有的都一样，不管是 BTC 还是 ETH，大家都是一样的，具有可互换性质。而 NFT 是非同质代币，每一枚都是独一无二的，不具备可互换性质。

第三，NFT 具有独一无二、稀缺、不可分割的属性。它不能像 BTC 一样，可以分为 0.01BTC，它是作为整体的存在。

这样一个以整体存在的非同质代币，被广泛地应用于游戏、艺术品、域名、收藏品、虚拟资产、现实资产、身份等方面。目前，发展最为迅速的就是游戏。

由此可见 NFT、XR 都是游戏里面不可或缺的要素，而元宇宙本身就起源于多人开放游戏，所以，游戏中的重要因素在元宇宙中自然是体现的更多。所以，也就不难理解，为什么 NFT、XR 会成为元宇宙概念中高频次的共现词。

92问：为什么八成网民会持中立态度？

面对一个新事物，大家持有观望中立的态度就是对该事物的认可。

我们来看一下，一成持积极观点，认为元宇宙投资价值比较大，从三月以来，部分元宇宙股票价值上涨较快，与VR、AR等新技术相关，是未来科技发展的方向，如果提前布局，未来收益可观。

这一部分人大概就是资本持有者，因为每一个新事物在被判断之后，最先入场的应该就是资本。区块链也是如此，资本率先入场，然后再是带动大批对此感兴趣的人陆续入场。

这就是为什么扎克伯格在给总公司改名之后，公司股票大涨的原因一样。很多看好元宇宙的人，都会在元宇宙概念上下功夫，甚至是下本钱。我们不能说这些人过于激进，毕竟每个人对新事物的判断能力不同。还记得那句很有名的话吗？"现在你对某事物不理睬，十年后，你想进都进不来"，但是这句话也有失误的时候，比如P2P，这个新事物产生的时候也是有大批资本吹捧，大量的平台如雨后春笋，很多理财者纷纷入局，最后这个新生事物在经过十余年的发展之后，只能悄然退出理财市场，保留下来的也只能以苟延残喘来形容了。

区块链也是新生事物，经过十多年发展，现在存下来的区块链技术已经是顶尖技术，不仅如此，资本投入到区块链中，也算是赚了个盆满钵满。

八成网民持有中立观点，大部分网友保持观望，认为当前元宇宙仍然处于概念阶段，距离落地可能还有三五年。这可能是大多数人的正确观点，实际上一个新事物从出现到成型也需要多年时间，元宇宙最终会怎么样，我们不得而知，第一我们不懂技术，第二我们不懂资本，我们所能看到的，只是一个已经有了雏形的元宇宙。

这就是为什么有绝大多数的网民选择中立，选择观望而不是选择批判。

也有一成网民站在批判的观点，认为元宇宙这样的新词遮蔽了当前技术发展停滞的现实，部分公司借此吸金的行为是在割韭菜。如果不是炒作，企业没有必要那么高调宣布仍在研发中的游戏计划。

这样的批判也不是没有原因，但是，因为元宇宙所具有的技术都是最新的技术，不管是AI智能，还是VR、AR等，都是现行的真打实凿的高新技术。这就是为什么区块链经过筛选最终留下来，并成为一个核心技术，而P2P经过筛选基本上全军覆没的主要原因。

不过，对于新事物来说，有不同的声音、不同的观点、不同的态度有利于这个事物的发展，有利于这个事物的前进，也是有利于这个事物所依托技术的提升。

93问：主流媒体呼吁理性投资的关键点在哪？

在我国，主流媒体呼吁理性投资元宇宙：

一是，元宇宙现在仍处于像素游戏的初级阶段，距离实现真正的平行虚拟世界仍然任重道远。

二是，呼吁投资者保持理性，不要被现在的元宇宙概念迷惑，而是应该保持清醒、保持理智。

《人民日报》发布的一篇社论《人民日报评元宇宙炒房：热到烫伤的风险得防》，点明了应该如何看待元宇宙概念。

2021年度十大流行语出炉，"元宇宙"位列其中。所谓元宇宙，被一些人视为虚拟世界和现实世界融合的载体，潜藏着游戏、社交等场景变革的机遇。近期，"炒房热"也刮进了元宇宙。

这股"元宇宙炒房"热先在国外出现，是伴随元宇宙概念火起来的。2021年11月23日，美国虚拟平台分布式大陆（Decentraland）中的一块数字土地卖出243万美元，高于现实中美国纽约曼哈顿的平均单套房价；11月30日，美国虚拟游戏平台沙盒（Sandbox）上的一块虚拟土地，被卖到430万美元；一些艺人也参与进来，有歌手出资12.3万美元购买虚拟土地。用现实世界的资金，购买虚拟世界的土地，并形成真实可操作的市场，确属新事物、新领域。

在国内，虚拟房地产也引来不少人抢房囤房。某游戏平台发行了35万套虚拟房屋，并给房子分级以代表稀缺度，一些玩家入手所谓"稀有房产"后，放在二手交易平台上挂售，标价甚至高达90多万元。买地皮，买房屋，买物料，搞装修，等升值，再出售……虚拟房地产买卖，与现实生活中的房地产交易，在过程上大致雷同，只是所处空间不同、场景各异。

有人视为机遇，认为是未来的"财富密码"；有人感到魔幻，"肉身还没地方寄托，就开始精神造房了"；有人参与投机，"如果能涨到几百万，就把它卖了"；有人视为炒作，"制造轰动性传播效应，以吸引投资者"；有人充满期待，认为这类房产具备交易和流通属性，有升值空间；有人不免担忧，恐其暗藏"击鼓传花"的骗局……凡此种种，每种观点都犹如多棱镜的一面，还不足以呈现全貌。或许，还需要更长的时间，才能观察得更清晰、理解得更深入。

当前，元宇宙及其相关应用场景，还处在发展的最初阶段。这是围绕相关话题展开分析与讨论的基本前提。特别是作为一种产业的元宇宙，虽然存在无限可能性，却也存在着诸多不确定性。不管是丰富概念还是开掘延伸、不管是发展产业还是市场投资，仍是基于技术、构想与需求的探索尝试。这是一个渐进式发展的过程，从虚拟到真实，从看得见到摸得着，还有不小距离，不妨冷静三思，谨防热到烫伤的风险。

新的事物也必然伴随着新的风险。目前,"元宇宙炒房"往往基于NFT(非同质化代币)进行。从这个意义上说,虚拟房地产交易,存在"炒房"又"炒币"之嫌。有专家指出,NFT投资市场存在交易平台的合规风险、发行方是否构成发币行为的合规风险、购买方再售时是否有流动性风险等。与此关联的"元宇宙炒房",也存在产品金融化倾向暴涨暴跌、炒作欺诈、非法集资、赌博洗钱等风险。更重要的是,我国对NFT的法律性质、交易方式、监督主体、监督方式等,尚未明确;一些其他形式的虚拟资产交易行为,在我国及其他很多国家都未受到法律的支持。其实,任何创新产品的价值增长,都应建立在安全的市场环境、正常的金融秩序中,意识到并防范潜在风险,才有助于引导行业的健康发展。因此,新事物的超前发展,既不能无界也不能无序,既需要包容也不能纵容,应该鼓励监管走在创新前头。

目前,号称元宇宙的虚拟世界产品很多,任何一家公司只要出现衰退,投资者购买的虚拟产品必将血本无归,这类教训在游戏道具交易史上比比皆是。"元宇宙炒房"是阿里巴巴的山洞,还是潘多拉魔盒,我们不妨且行且看。不过理应清醒的是,置身虚拟空间,锚定赚快钱的投机,有可能是一戳即破的"泡沫"。说到底,新概念及其产业的成熟,仍需要一砖一瓦建造出来,有了技术的发展、现实的支撑、规则的约束、共识的凝聚和观念的进步,才能真正行稳致远。

第十二章 资本操纵风险

94问：元宇宙所面临的经济风险是什么？

元宇宙所面临的经济风险，其实就是网络经济风险。网络经济中出现的风险，虽然多为传统经济中所固有，但它无论在表现形式、强烈程度还是影响范围上与传统经济中的风险都不相同。概括起来说，网络经济风险具有全球性、传染性、成长性、隐蔽性、复杂性等重要特征。

对于构建的元宇宙，至少会存在全球性和传染性的特点，我们具体来看一下：

第一，网络经济风险中的全球性特征，风险既可能来自国内，也可能来自世界的任何一个地方；其根源在于网络经济的虚拟性。四通八达的通信网络，把世界各地都紧紧地联系在一起。这一点与传统经济大不相同，传统经济可以通过自然距离、关税或非关税壁垒、互不兼容的法律制度，来制造一道道牢固的屏障，以回避可以预料到的风险。在虚拟空间中，国界已不复存在，任何自然的或人为的屏障都形同虚设。因此，这个特性一旦显现，就很难控制。

第二，网络经济风险可以在全球范围内迅速传播，具有很强的传染性和广泛的影响力，使人们很难进行有效防范。实时性和交互性是网络经济的两个基本特征。一旦风险产生，它就会借助信息的实时传递和市场交易主体之间的交互关系而迅速扩散。这就如同越是人群密集的城市，传染病的流行就越是广泛、越是快速一样。经济风险、技术风险具有很强的传染性。

由此可见，元宇宙在构建之后，即便有健全的经济体系，也会面临经济风险，按照现实世界的经济风险来看，经济风险可以分为金融风险、财政风险和产业风险三种类型。

金融风险，就是网络经济在加强金融全球化和一体化进程的同时，也给金融系统带来了巨大的风险。网络经济的实时性、交互性特征以及在此基础上产生的强大反馈效应，使得各国的金融业务和客户相互渗入和交叉，就像是感冒一样，一个生病了传染另外一个。举个例子，金融风暴，本来是一个产业出现了泡沫，最后使整个世界经济都被影响了。

财政风险，在元宇宙也会有像现实中一样经营的企业，企业在网上经营会遇到很多现实世界中所能避开的风险，比如，现行税基受到侵蚀。元宇宙作为新事物，在网络经济上肯定会出现更多的新生事物，那么对于企业来说就会出现税收盲区。再加上虚拟世界里面的虚拟货币毕竟和现实中的货币有差别，这也就加大了元宇宙所构建的国家经济上的财政风险。

产业风险就是由强烈的不确定性造成的，近年来，产生的"网络泡沫"，使很多企业充分体会到，在网络经济中，生与死、快乐与痛苦，只不过相隔咫尺之遥。网络经济既充满了机会，又暗含着杀机。就像是元宇宙给资本、技术带来了机会，但与此同时，也带来了挑战，给技术带来了内卷，当整个产业出现了风险时，势必会影响整体的经济系统。

虽然元宇宙中的货币体系、经济体系并不完全和现实经济挂钩，但在一定程度上可通过虚拟货币实现和现实经济的联动。

当元宇宙世界中的虚拟货币相对现实货币出现巨幅价值波动时，经济风险会从虚拟世界传导至现实世界。元宇宙在一定程度上也为巨型资本的金融首个行为提供了更为隐秘的操纵控件，金融监管也需要从现实世界拓展至虚拟世界。

95问：为何元宇宙会带来产业内卷？

产业内卷已经不是一个产业的问题了，而是很多产业所面临的问题。

内卷，是网络流行语，原指一类文化模式达到了某种最终的形态以后，既没有办法稳定下来，也没有办法转变为新的形态，而只能不断地在内部变得更加复杂。经网络流传，很多高等学校学生用其来指代非理性的内部竞争或"被自愿"竞争。现指同行间竞相付出更多努力以争夺有限资源，从而导致个体"收益努力比"下降的现象。可以看作是努力的"通货膨胀"。

元宇宙为什么会带来产业内卷，实际上和所有产业一样，内卷已经是一个大势所趋。

的确，近两年，内卷现象很明显，各行各业都是如此，大家向外发展的力量逐渐降低，更多的力量用在了内卷上，这不仅会使企业倒退，而且会让产业停滞不前。

任何一个事物都是从存量市场到增量市场，比如元宇宙之前的区块链也是如此，存量市场就是帕累托法则、存量互割、内卷竞争和零和博弈，现在元宇宙还处于存量市场。

帕累托法则（也被称为二八法则），这一法则是罗马尼亚管理学家约瑟夫·朱兰提出的一条管理学原理。该法则以意大利经济学家维尔弗雷多·帕累托的名字命名。帕累托于1906年提出了著名的关于意大利社会财富分配的研究结论：20%的人口掌握了80%的社会财富。这个结论对大多数国家的社会财富分配情况都成立。因此，该法则又被称为80/20法则。

这个法则在存量市场最明显，另外一个就是存量互割，接下来就是内卷竞争，内卷竞争是存量市场也就是产业前期的一个明显的表现。然而，每一次人类新疆域的开拓，都是从存量市场中发现增量市场的过程。

再说到元宇宙，元宇宙是游戏及社交内卷化竞争下的概念产出，除却人才和用户资源的抢夺、监管压力加码，游戏及社交的产品模式也逐渐进入瓶颈期，相关互联网巨头进入到存量互割和零和博弈阶段，内卷态势下亟须一个新概念重新点燃资本和用户的想象空间。

虽然在新概念加持下阶段性实现了资本配置的帕累托改进，但在概念上的突破并未从本质上改变产业内卷的现状。

96问：元宇宙带给算力的压力有哪些?

算力（也称哈希率）是比特币网络处理能力的度量单位。即为计算机（CPU）计算哈希函数输出的速度。比特币网络必须为了安全目的而进行密集的数学和加密相关操作。例如，当网络达到 10Th/s 的哈希率时，意味着它可以每秒进行 10 万亿次计算。

算力为大数据的发展提供了坚实的基础保障，大数据的爆发式增长，给现有算力提出了巨大的挑战。互联网时代的大数据高速积累，全球数据总量呈几何式增长，现有的计算能力已经不能满足需求。据 IDC 报告，全球信息数据 90% 产生于最近几年。到 2020 年，40% 左右的信息会被云计算服务商收存，其中 1/3 的数据具有价值。因此，算力的发展迫在眉睫，否则将会极大束缚人工智能的发展应用。我国在算力、算法方面与世界先进水平有较大的差距。由于算力的核心在芯片，因此需要在算力领域加大研发投入，缩小与世界发达国家的差距，甚至赶超。

那么，元宇宙带给算力什么样的压力？

元宇宙需要算力，要构建出一个可编辑的开放世界、要构建一个孪生拟真世界、要打造创造性游玩、要实现多人实时协作、要有场景化社交、要实现高沉浸度社交等，可想而知压力有多大。

毕竟，元宇宙是大型多人在线游戏、开放式任务、可编辑世界、XR入口、AI内容生成、经济系统、社交系统、化身系统、去中心化认证系统、现实场景等多重要素的几何体。这也使得其本身运作对算法和算力有着极高的要求。

总之，元宇宙需要的算力现在还无法实现，或者说实现起来十分困难。

97问：伦理制约的意义在哪儿？

伦理原则是可持续发展的方法论原则之一，即生态伦理观，它包括相互联系的两个方面：一是自然对人类价值的意义，二是人类对自然的权利和义务。其基本观点是人类在维护自身生存前提下，把人类的善恶观、良心观、义务观等道德观念扩大到自然界的一切实体。

元宇宙可能会遇到的伦理问题，赌博、经济诈骗、资本投机、隐私泄露、谣言、暴力、沉迷上瘾、恐怖主义、极端主义、资本剥削等。虽然想打造的元宇宙是一个高度自由、高度开放、高度包容的类似乌托邦世界。

现实世界的某一个人在元宇宙上是一个全新的身份，那么这个人是不是要做一些违法违纪的事情就不会牵扯到真实世界的这个人呢？

以赌博为例，如果说，在元宇宙开设赌场，所有的赌博项目都在线上完成，线上所有的赌资都是虚拟币，然后，开设赌场的人只需要把虚拟币转化为现实世界货币就可以提现，这样一来，现实世界就没有人知道他是开赌场的，元宇宙也没有办法对这个人做出直接的处决。就算是，在元宇宙将此人判为死刑并执行，但是，现实世界的人会在他的分身被判刑执行之后，再用另一个账号再注册一个身份，因为元宇宙里的人是无限生死。

也就是说，违法的事情可能会在元宇宙层出不穷，更可怕的就是会直接反映到真实世界。元宇宙会不会成为罪犯滋生的地方，而这个地方因为缺乏规范和法规，最终大家都来找刺激。

还有一个问题，就是在现实世界中，人们对于一些违法的事情是有顾虑的，要考虑到法律的制裁，但是在元宇宙，是不是就因为和现实世界没有关系，就算自己在元宇宙杀人放火也不会有人追踪到现实世界，从而做一些违法的事。最令人担忧的是，在元宇宙做这些事做多了，会不会影响到他们在现实世界中也做出这样的举动。

高度自由、高度开放、高度包容真的就好吗？而伦理制约的意义就在此，让元宇宙成为一个能够制约行为的地方，不让犯罪滋生，不让罪犯肆意，因为有伦理制约，有道德准则，有权力机构，有明确定义和规范。规范元宇宙居住者行为，才是伦理制约的意义所在。

高自由度并不意味着行为不受约束，高开放度也并非边界无限泛化，如何在去中心化的框架中构建元宇宙的理论框架共识，仍需要从多视角去进行探索。

98问：元宇宙是否会让投资者沉迷风险？

任何投资行为都会有上瘾性。

举个简单的例子，买彩票的人会一直买，更不要说其他的投资行为。元宇宙也一样如此。情况只会越来越甚，因为元宇宙相对来说给人一个非常大的希望，我们之前说过是虚拟现实补偿论，就是说在现实里得不到的一定要在虚拟世界有所补偿，那么，很多资本可能就是遵循这一点在元宇宙世界里继续投资。

比如，在现实世界里买房买地几乎不可能了，但是对于能够拿出相应虚拟币在元宇宙买房买地的时候，就会想着多买一点，再多买一点，这种投资是会让人沉迷的。

毕竟，元宇宙因具有交互、沉浸体验及其对现实的补偿效应，而具备天然的成瘾性，虽然我们的愿景是让人们在虚实之间自如切换，但沉迷风险必然存在，这与近期国家对游戏产业等的监管加码也相呼应。

十块钱换了装备提升了战斗力，一百块钱换的装备能够让自己换皮肤，一千块钱投进去，自己赚到了宝石，一万块钱投进去自己赚到了钻石，十万块钱投进去自己拥有了一支军队……就这样，投资的人觉得自己投进去的只是数字，得到的是让自己更加厉害的装备，实际上这些装备脱离了游戏什么都不是。

　　游戏是元宇宙的一项技术，也就是说，元宇宙也会有这样的陷阱，一百块虚拟币买一棵树，一万块虚拟币买一块地，十万块虚拟币买一栋别墅，一百万块虚拟币买一个岛……买来买去，你就会觉得自己在元宇宙成为人生赢家，而这样的虚荣不仅仅是会停留在元宇宙，你就会越来越想把现实中的钱投资到元宇宙，维持自己的地位。

　　另一方面，倘若虚拟世界的价值理念、交互逻辑、运转规则和现实世界出现明显的分化，甚至是异化、对立，使得沉浸在虚拟世界中的人对现实世界不满、憎恨、仇视等负面情绪，那就危险了。

　　就像是一个人为什么会一直投资去做一件事，就是想要维持不变的优质生活以及不变的社会地位，当一个人在元宇宙通过投资达到了自己在现实世界中无法达到的高度时，只会将现实世界的钱换成虚拟币，这也是元宇宙带给人类最可怕的后果。分不清现实，最终自己的钱也成了资本的韭菜。

　　在种种情绪下，不理智的投资行为，会直接拖垮现实世界中的人。除此之外，过度沉浸在虚拟世界也有可能加剧社交恐惧、社会疏离等心理问题，亦会影响婚恋观、生育率、代际关系等人际问题。

99问：隐私安全到底该如何保障？

现实世界的隐私安全，都没办法完全保障，元宇宙又该如何保障隐私安全呢？

元宇宙本来就是一个超越现实的虚拟空间，如果不想隐私安全被涉及，就要做到：第一不能使用现实世界的手机号注册；第二注册人不能使用在现实世界中的微信账号等社交账号；第三，在注册过程中不能写任何与注册人在现实世界相关的资料。那么，元宇宙账号该如何注册呢？

很多人在谈及元宇宙时，一定要将元宇宙与现实世界分开，但是没有了现实世界的账号注册流程，又如何拥有元宇宙？

我们假设注册元宇宙不需要现实账号，在这个虚拟的空间该如何保障隐私安全，这个问题就没必要回答了，如果元宇宙账号是与现实世界的个人丝毫没有任何联系，就无所谓涉及隐私。

但是，元宇宙作为一个超越现实的虚拟空间，需要对用户的身份属性、生理反应、行为路径、社会关系、人机交互、财产资源、所处场景，甚至是情感状态和脑波模式等信息进行细颗粒度挖掘和实时同步。

这对个体数据规模、种类、颗粒度和实效性提出了更高层面的要求，个人隐私数据作为支撑元宇宙持续运转的底层资源需要不断地更新和扩张。

如果说元宇宙的账号也必须要保障隐私，那和当下大数据下个人隐私保护有着异曲同工之处。

随着信息技术的发展，人们的日常生活逐渐被数字化。通过对大数据的应用和分析，可以刻画出人们日常生活中在线上线下的各种互动，从而为人们提供快捷优质的服务。然而提供便利的同时，个人信息泄露带来的安全风险也不容小觑。近年来，随着现代通信技术的普及，公民个人信息资料屡屡被窃，不法分子通过倒卖公民个人信息牟取暴利，致使公民的个人隐私和财产安全受到前所未有的威胁。

通过大数据技术和大数据分析将个人用户画像刻画得越清晰，服务得越精准，那么一旦个人信息泄露，带来的风险就会越巨大。因此，公民个人信息泄露治理形势日益严峻。

从个人来说，在信息安全保护的意识上和防范能力上，我们需要不断地提高和加强。学习全社会普及网络安全意识教育，提高对网络安全威胁的敏感性，并有能力应对处理比较普遍的网络安全事件。

同样，如果我们有一天成为元宇宙的居民，也应该靠自己不断提高和加强信息安全。网络安全是一个生态圈，这就需要法律法规、标准联盟、企业市场、个人用户一起携手去创造完备的安全产品服务体系。希望通过各方不懈的努力，最终建立起网络安全生态链，使公民的个人隐私得到有力保障。

100问：元宇宙中涉及的知识产权问题有哪些？

知识产权是"基于创造成果和工商标记依法产生的权利的统称"。最主要的三种知识产权是著作权、专利权和商标权，其中专利权与商标权也被统称为工业产权。

知识产权许可是在不改变知识产权权属的情况下，经过知识产权人的同意，授权他人在一定期限、范围内使用知识产权的法律行为。具体而言，知识产权许可包括著作权许可使用、专利实施许可、商标权许可使用。根据授权许可的范围不同，还可以分为独占许可、排他许可和普通许可，根据授权许可是否自愿，分为自愿许可和非自愿许可，其中非自愿许可包括著作权法中的法定许可和专利法中的强制许可。根据授权许可的权利种类，可以分为著作权许可、专利权许可、商标权许可、商业秘密许可、集成电路布图设计专有权许可、植物新品种权许可等。

以上就是关于知识产权的相关内容，虽然在线下，知识产权能够保障，但是在数字空间，知识产权保护一直都是一个顽疾。即使区块链技术为认证、确权、追责提供了技术可能性，但是在元宇宙空间大量的UGC生成和跨虚实边界的IP应用加剧了知识产权管理的复杂性和混淆性。

元宇宙是一个集体共享空间，几乎所有人都是这个世界的创作者，这也衍生了大量的多人协作作品，这种协作关系存在着一定的随机性和不稳定性，对于这种协作作品和团体著作权人需要有确权规则。

元宇宙中的虚拟数字人、物品、场景等元素很可能是来自或者是改编于现实世界的对应实体，这种跨越虚实边界的改编应用很可能引发知识产权纠纷，包括人物的肖像权、音乐、图片、著作版权等。

元宇宙所面对的是团体著作权等更为棘手的问题，比如多人协作创作，跨越虚实便捷的著作权与追责的困难。不过，在元宇宙还有一点，就是现实世界的知识产权是否会直接在元宇宙被肆意使用，而如何在现实世界中保障知识产权在元宇宙的使用权等。这些问题，都将是元宇宙构建之后所会遇到的知识产权问题。不过，随着技术的进步，就像虚拟货币会有区块链技术支持一样，在未来也会有专门针对数字知识产权保护的技术支持等。

因此，在元宇宙只是概念的现在，虽然也要考虑相关内容，但还是应该谨慎，毕竟元宇宙在构建过程中会面临各种问题，只有不断地出现问题，不断地解决问题，才是新概念出现到构建的正确模式。

第十三章　发展趋势与展望

101问：巨头入场，元宇宙市场信心驱动有何意义？

我们先来捋一下资本进场的时间线：

2021年，元宇宙的概念才开始火起来，所以整个时间线都是在2021年。

2021年4月，字节跳动以一亿元投资元宇宙概念公司代码乾坤，这个被收购的公司实际上并没有什么名气，但是，其主要产品包括青少年社交和UGC平台"重启世界"，这两样对于元宇宙来说，一个是占据了UGC，一个是占据了开放多人游戏。

2021年8月，百度世界大会上设置了VR分会场，推出一款基于5G、百度云手机技术和全新升级的"希壤"虚拟空间多人互动平台，让无法亲身到场的人们可以体验这场科技盛会的虚拟空间。百度这两年一直在VR领域进阶，而且在穿戴智能设备领域与无人驾驶领域都有了非常显著的成绩。

2021年8月，Facebook推出VR会议软件，让用户以数字人分身进行线上 VR 会议。扎克伯格这时候开始对穿戴智能设备下手了，且开始打造一个虚拟社交平台。

2021 年 8 月，小鸟看看 PicoVR（是一家研发智能穿戴虚拟现实领域电子产品的科技公司），在全员信中披露，该公司被字节跳动收购，字节跳动的大手笔收购，也是为了在产业形成前做到一个前期的占领优势，但这笔交易的价格并未公布。不管多少钱，资本的进入，就让 VR 设备企业得到了更多的资金开拓产品和渠道。

2021 年 8 月，显卡巨头英伟达 NVIDIA 宣布，全球首个为元宇宙建立提供基础的模拟和协作平台 Omniverse，将向数百万新用户开放。

这些资本的介入，推动了元宇宙概念，尤其是在 2021 年 10 月 28 日，扎克伯格给总公司改了名字之后，更是将元宇宙概念推向了高潮。

资本是一只猫，机会则像是鱼，资本往往很早就能够发现鱼，所以，被资本盯上的元宇宙到底是幸还是不幸？

我们来说一下在元宇宙之前被资本关注的区块链，区块链出现之后，也是得到了资本的青睐，所以比特币才能够从最初的 10000 枚只能换两个比萨，到 10000 枚比特币就能实现财务自由。这就是资本介入之后，比特币的变化。介入比较早的资本赚得盆满钵满，但后入场的资本前路忐忑。所以，当元宇宙概念出现之后，资本们争先恐后地进入。

还有一些没有爆出来的，比如"Roblox"游戏的投资方就有腾讯，很多国内大企业都在元宇宙所涉及的技术上投入大量的财力，想要抢占有利先机。只是，元宇宙也必然会和区块链一样，经过长时间的沉淀与筛选之后，慢慢将真正的技术过滤出来，并且用资本回报给资本。

102问：元宇宙会改变目前代码开发，提升工作效率吗？

元宇宙会改变很多，但是会不会改变目前代码开发，提升工作效率呢？

在这里，我们就要解释一下什么是低代码开发？

低代码开发平台（Low-code and no-code application platform，LCAP）是无须编码（0代码或无代码）或通过少量代码就可以快速生成应用程序的开发平台。它的强大之处在于，允许终端用户使用易于理解的可视化工具开发自己的应用程序，而不是传统的编写代码方式。构建业务流程、逻辑和数据模型等所需的功能，必要时还可以添加自己的代码。完成业务逻辑、功能构建后，即可一键交付应用并进行更新，自动跟踪所有更改并处理数据库脚本和部署流程，实现在 IOS、Android、Web 等多个平台上的部署。

说到底，就是一个"一键排版"的功能，的确可以提升工作效率。

随着元宇宙的快速发展，应用开发技术人员的门槛也随之降低。低代码开发平台为开发者提供了多样的高级程序工具，如可视化脚手架和拖放工具，用来取代之前的流程、逻辑和应用的手动编写代码，以方便人们操作使用。

可以说，就算是一个程序小白也可以利用代码开发平台开发出自己所需要的程序，其优点就是代码的普及化。我们倒退二十多年前，大家学习电脑时，必须学习 DOS 系统，一步一步怎么开机，怎么应用，但是，现在电脑开机等根本不需要学习，只要按一下就可以了。

再说，以前程序员编代码才能完成一个程序，现在很轻松就能够在微信上建立一个小程序，这就是技术进步带来的巨大便利。所以，未来代码会改变现在的工作模式，整体上提升效率。比如，通过 LCAP。LCAP 的一大特点是，它能够实现自动化工作，包括对工作流程的部署，确保程序的安全性，以及对各种数据端点信息的收集等。通常这项工作的复杂性和拓展性，使它占据了应用程序开发者的大部分时间。目前通过 LCAP 的应用，它能大大提升技术人员的工作效率。

据信息研究和分析公司 Gartner 预测，到 2023 年将有超过 50% 的大型企业会使用 LCAP 来进行系统运营。同时，撰写高级代码的应用工具也将陆续推出，这为构建和完善元宇宙的内容，商业参与等活动都带来了极大的便利。

一般来说，对于这类技术性比较强的产品，人们总会觉得，它们是为大型企业或者是小型商业项目服务的。但很多例子表明，这些产品更多的是被个人所广泛使用，当个体使用基数大了后，企业也自然而然地广泛应用该产品。所以，元宇宙会改变目前代码开发，同样会提升整体的工作效率。

103问：机器智能化之后，元宇宙的你会比现实中的你更懂自己吗？

在大数据时代，生活中到处都充斥着信息化商品，比如街道上的广告牌、手机上购买的电子票、网上叫的外卖等。但这种自然语言处理和图像识别技术仍处于早期阶段。在未来，手机人工智能应该就会成为你的朋友，或者是能够对你有着深层了解。比如，你每天听什么样的歌曲，每天点什么样的外卖等，你的一举一动都在人工智能的眼皮子底下，它会通过大数据推送你喜欢的歌曲、你喜欢的外卖，甚至是你喜欢的商品。

其实，现在的手机人工智能就能按照你的喜好推荐产品了。

现在元宇宙还没有成型，我们可以做一个设想，因为元宇宙中的你是由自己打造出来的，就是你的一个化身，所以元宇宙中的你肯定是要了解你的，比如元宇宙中的自己会选择和现实世界完全不同的兴趣爱好。那么，在这样的设定下，肯定先要了解你，再去选择相反的。

再举个例子，一个在现实世界中三十岁的年轻男人，实际上一直想要成为一个女性，并且对于萝莉服等元素的事物非常喜欢，但是在现实世界中，不管从哪一方面，他都要把这样的一个想法隐藏在心底，不能展现出来。从客观条件上，他也不可能成为这样的人。而在元宇宙，他完全可以给自己设定一个十五六岁少女的身份，然后在元宇宙以女性身份进行一系列的活动。而且，元宇宙里面的歌曲、商品、外卖等才是他最喜欢的，由此可见，在元宇宙中的他要比现实中的他更懂他的内心。

如果元宇宙真的让自己重获一种人生，那也是很棒的事情。

104问：元宇宙民主化是否能够建立社群、提升价值？

互联网指的是网络与网络之间所串连成的庞大网络，这些网络以一组通用的协议相连，形成逻辑上的单一巨大国际网络。随着技术进步，网络正向标准化、规范化发展。慢慢开放的网络环境，也让元宇宙的未来更加民主化。并且，WebAssembly 和 Web Graphics Library 的使用也推进了元宇宙民主化建设。

第一，什么是 WebAssembly？

WebAssembly 是一种使用非 JavaScript 代码，并使其在浏览器中运行的方法。这些代码可以是 C、C++ 或 Rust 等。它们会被编译进你的浏览器，在你的 CPU 上以接近原生的速度运行。这些代码的形式是二进制文件，你可以直接在 JavaScript 中将它们当作模块来用。

WebAssembly 不能替代 JavaScript，相反，这两种技术是相辅相成的。通过 JavaScript API，你可以将 WebAssembly 模块加载到自己的页面中。也就是说，你可以通过 WebAssembly 来充分利用编译代码的性能，同时保持 JavaScript 的灵活性。

第二，什么是 Web Graphics Library？

Web Graphics Library（缩写 WebGL），是一种 3D 绘图协议，这种绘图技术标准允许把 JavaScript 和 OpenGL ES 2.0 结合在一起，通过增加 OpenGL ES 2.0 的一个 JavaScript 绑定，WebGL 可以为 HTML5 Canvas 提供硬件 3D 加速渲染，这样 Web 开发人员就可以借助系统显卡来在浏览器里更流畅地展示 3D 场景和模型，还能创建复杂的导航和数据视觉化。显然，WebGL 技术标准免去了开发网页专用渲染插件的麻烦，可被用于创建具有复杂 3D 结构的网站页面，甚至可以用来设计 3D 网页游戏等。

像 WebAssembly 这样的开放平台可以最大限度地增加潜在合作者的数量，创造出更多的价值。同样，人们可以使用零知识证明和数字身份系统等技术，获得对自己数据的自主权。但这可能需要消费者将更多的个人数据放到互联网的应用程序中。

所以，元宇宙的民主化不是经过元宇宙个体，而是通过代买以及相关的定律。另外，元宇宙是可以建立社群，并且能通过技术、代码等的提升，提升价值。

105问：智能穿戴设备铺开元宇宙是否会掀起"控制潮"？

智能穿戴设备是应用穿戴式技术对日常穿戴进行智能化设计、开发出可以穿戴的设备的总称，如手表、手环、眼镜、服饰等。穿戴式智能设备拥有多年的发展历史，我们可以先来看一下智能穿戴设备的发展历史。

穿戴式智能设备的思想和雏形在 20 世纪 60 年代已出现，而具备可穿戴式智能设备形态的设备则于 20 世纪 70~80 年代出现。随着计算机标准化软硬件以及互联网技术的高速发展，可穿戴式智能设备的形态开始变得多样化，逐渐在工业、医疗、军事、教育、娱乐等诸多领域表现出重要的研究价值和应用潜力。

常见的可穿戴智能设备的产品如下所示：

1. Apple Watch 苹果智能手表

这款设备采用曲面玻璃设计，可以平展或弯曲，内部拥有通信模块，用户可通过它完成多种工作，包括调整播放清单、查看最近通话记录和回复短信等。当然，它内部采用的自然是本家的 iOS 系统。不过，Apple Watch 并不会取代 iPhone，更多的只是作为 iPhone 的补充以及扩展其他设备的功能，让用户使用苹果设备变得更方便。

2. FashionCommA1 智能手表

FashionCommA1 智能手表堪称中国智能手表的开创者,该产品在国内率先使用超低能耗高通 Mirasol 显示技术,是市面上续航能力最长的智能手表之一;能够全天候记录行动数据,核算脂肪燃烧情况。FashionComm 提供的云平台服务,可让用户全面了解自己的运动数据,掌握身体健康状况。FashionCommA1 智能手表的独特之处在于内嵌了蓝牙耳机,并采用了 USB 表带设计。

3. 智能手环

智能手环是新兴起的一个科技领域。它可以跟踪用户的日常活动、睡眠情况和饮食习惯,将数据与 iOS/Android 设备、云平台同步,帮助用户了解和改善自己的健康状况,分享运动心得。

4. 谷歌眼镜

本质上属于微型投影仪+摄像头+传感器+存储传输+操控设备的结合体。它可以将眼镜、智能手机、摄像机集于一身,通过电脑化的镜片将信息以智能手机的格式实时展现在用户眼前。另外,它还是生活助手,可以为我们提供 GPS 导航、收发短信、摄影拍照、网页浏览等功能。

它的工作原理其实很简单,就是通过眼镜中的微型投影仪先将光投到一块反射屏上,而后通过一块凸透镜折射到人体眼球,实现所谓的"一级放大",在人眼前形成一个足够大的虚拟屏幕,显示简单的文本信息和各种数据。

5. BrainLink 智能头箍

BrainLink 是由宏智力专为 iOS 系统研发的配件产品,它是一个安全可靠，佩戴简易方便的头戴式脑电波传感器。它可以通过蓝牙无线连接手机、平板电脑、手提电脑、台式电脑或智能电视等终端设备。配合相应的应用软件就可以实现意念力互动操控。

6. ElectronicDrumMachineT-shirt 鼓点 T 恤

这件衣服上内置了鼓点控制器，用户通过敲击不同的鼓点发出不同的鼓点声音，有点类似与平板电脑上的架子鼓软件。如果你觉得还不过瘾的话，消费者还可以搭配一条可以配置迷你扩音器的裤子，让自己随时随地都能够演奏音乐，随时随地成为焦点。

7. SolarBikini 太阳能比基尼

这款比基尼可以通过装配的光伏薄膜带，吸收太阳光并将能量转为电能，然后为自己的智能手机或者其他小型数码产品进行充电。它不是一件摆设，而是一件真实的泳衣，该比基尼充电模式下有 5 伏电压，是人体所察觉不到的。所以，它是一件非常实用、安全的产品。

8. SocialDenim 社交牛仔裤

Replay 推出了第一款具有社交功能的牛仔裤。这种牛仔裤支持蓝牙功能，可以将牛仔裤跟智能手机进行连接，你只需要点击前面口袋的小装置就可以进行即时通信，方便用户更新 Facebook 上的信息。另外，它还可以实时你的情绪，追踪和分享个人的幸福感。

9. 卫星导航鞋

《绿野仙踪》给英国设计师多米尼克·威尔考克斯（Dominic Wilcox）带来了灵感，发明了这款带有 GPS 功能的皮鞋。这双鞋的脚后跟拥有一个非常先进的无线全球定位系统，通过 USB 来设定目的地。这款皮鞋使用起来也非常方便，当需要的时候，鞋跟轻轻敲击地面即可。启动后，装在鞋子前段的 LED 灯会亮起来，一只鞋是表示距离目的地的远近，而另一只鞋为用户指明方向。

可以说，从头到脚都能够享受穿戴智能设备，可穿戴智能设备的确是正在掀起一股"控制潮"。

106问：区块链分散式工作是否会引发社会新型工作模式？

如今我们的工作模式正在发生着很大的变化，但并不是完全源于区块链。

随着数字经济异军突起，以人工智能、大数据、云计算、区块链等为代表的新一代数字化技术正颠覆着人类的生产和生活方式，正在重塑一切。依托互联网平台的新经济新业态脱颖而出，从业人员规模迅速扩张，形态种类日趋多样。

灵活用工是数字化时代下实现快速发展的新型用工模式，虽出现的时间较早，但受限于当时的技术与社会环境，未能实现大规模的普及。后期在国家政策、数字化技术以及疫情的驱动之下，迎来了迅猛的发展。

所以，社会新型工作模式并不是由区块链分散式工作所引发，而是由数字经济所引发。

接下来，我们具体说一下区块链，区块链不是新概念，但是直到现在还有不少人不知道区块链所指为何！

区块链概念出来的时候也是跟元宇宙一样，轰动一时，随后，区块链概念吸引了资本。区块链的发展轨迹如下：

1. 技术实验阶段（2007~2009）。化名中本聪的比特币创始人从2007年开始探索用一系列技术创造一种新的货币——比特币。2008年10月31日发布了《比特币白皮书》，2009年1月3日比特币系统开始运行。支撑比特币体系的主要技术包括哈希函数、分布式账本、区块链、非对称加密、工作量证明，这些技术构成了区块链的最初版本。从2007年到2009年底，比特币都处在一个极少数人参与的技术实验阶段，相关商业活动还未真正开始。

2. 极客小众阶段（2010~2012）。2010年2月6日诞生了第一个比特币交易所，当年5月22日有人用10000个比特币购买了2个比萨。同年，2010年7月17日著名比特币交易所Mt.gox成立，这标志着比特币真正进入了市场。尽管如此，能够了解到比特币，从而进入市场中参与比特币买卖的主要是狂热于互联网技术的极客们。他们在Bitcointalk.org论坛上讨论比特币技术，在自己的电脑上挖矿获得比特币，在Mt.gox上买卖比特币。仅仅4年后，这些技术宅中的一些人成了亿万富翁和区块链传奇。

3. 市场酝酿阶段（2013~2015）。2013年初，比特币价格13美元，3月18日金融危机中的塞浦路斯政府关闭银行和股市，推动比特币价格飙升，4月最高至266美元。8月20日，德国政府确认比特币的货币地位。10月14日，中国百度宣布开通比特币支付。11月，美国参议院听证会明确了比特币的合法性。11月19日，比特币达到1242美元新高！然而，此时区块链进入主流社会经济的基础仍不具备，价格飙升包含了过于乐观的预期。中国银行体系遏制、Mt.Gox的倒闭等事件触发大熊市，比特币价格持续下跌，2015年初跌至200美元以下，许多企业倒闭，不过经历严冬活下来的企业的确更加强壮了。无论如何，在这个阶段，大众开始了解比特币和区块链，尽管还不能普遍认同。

4. 进入主流阶段（2016~2018）。以2016年6月23日英国脱欧，2016年9月朝鲜第五次核试验，2016年11月9日特朗普当选等事件为标志，世界主流经济不确定性增强，具有避险功能从而与主流经济呈现替代关系的比特币开始复苏，市场需求增大，交易规模快速扩张，开启了牛市。尽管中国市场受到政策的严厉遏制，但韩国、日本、拉美等市场快速升温，比特币的价格从2016年初的400美元最高飙升至2017年底的20000美元，翻了50倍。比特币的造富效应，以及比特币网络拥堵造成的交易溢出带动了其他虚拟货币以及各种区块链应用的大爆发，出现众多百倍、千倍甚至万倍增殖的区块链资产，使比特币和区块链彻底进入了全球视野。芝加哥商品交易所上线比特币期货交易标志着比特币正式进入主流投资品行列。

5. 产业落地阶段（2019~2021）。在市场狂乱之后，2018年的虚拟货币和区块链在市场、监管、认知等各方面进行调整，回归理性。2017年造富效应和区块链理想造就的众多区块链项目中，大部分会随着市场的降温而消亡，小部分会坚持下来继续推进区块链的落地。2019年这些项目将会初步落地，但仍需要几年时间接受市场的检验，这就是一个快速试错过程，企业产品的更迭和产业内企业的更迭都会比较快。到2021年，在区块链适宜的主要行业领域应该会有一些企业稳步发展起来。加密货币也会得到广泛的应用。

6. 产业成熟阶段（2022~2025）。各种区块链项目落地见效之后，会进入激烈而快速的市场竞争和产业整合阶段，三五年内形成一些行业龙头，完成市场划分，区块链产业格局基本形成，相关法律法规基本健全，区块链对社会经济各领域的推动作用快速显现，加密货币将成为主流货币，经济理论会出现重大调整，社会政治文化也将发生相应变化，国际政治经济关系出现重大调整，区块链在全球范围内对人们的生活产生广泛而深刻的影响。

如果想要预测元宇宙的发展轨迹，实际上是可以参照区块链的。区块链用了十几年时间，也带来了新型消费模式，那么同样的，元宇宙的出现，也会带来新型的工作模式。

107问：多样化元宇宙来了是否会改变所有人的生存模式？

房地产热潮在元宇宙中也出现了。虚拟现实平台 Decentraland 上的一块数字土地以创纪录的 243 万美元的价格售出，将以加密货币的形式支付，这比之前的虚拟房地产价格纪录（91.3 万美元）高出一倍多。这也略高于曼哈顿的平均房价，远高于美国其他行政区和旧金山住宅的平均价格。

据 Decentraland 发言人称，买家是 Tokens.com 的子公司元宇宙集团（Metaverse Group），该公司以 61.8 万 MANA（约合 243 万美元）的价格买下了这块数字土地。MANA 是 Decentraland 的加密货币，用户使用它在该虚拟空间中买卖资产。

这个公司的操作就是在虚拟世界花比现实世界还多的钱买下了一块土地，无独有偶，还有不少大公司在虚拟世界通过虚拟币买地、买房。

可见，元宇宙的到来并没有改变我们所有人的生存模式。生存模式还是一样的，只不过是换了一个地方，从现实社会到了虚拟社会。

不管元宇宙是建立在什么技术上，最终都是要建立一个与现实世界平行的网络虚拟世界，而这个虚拟世界不管是从哪个方面都必将与现实世界相对应。不管是经济、政治还是娱乐等方面，必将是以现实世界为模板，由此可见，元宇宙不会改变所有人的生存模式。

说到底，元宇宙就是虚拟世界。再说的直白一点就是"游戏"世界，虽然这个"游戏"和我们现在所说的网络游戏有区别，但是，归根结底还是游戏的一种方式。

所以，元宇宙这个概念不管多么美好，也终究会有很多人不了解，甚至会质疑。但是二十年、三十年、五十年，甚至是一个世纪之后呢？对于笔者而言，我们无法判断几十年之后，甚至不能预判几年之后的世界，唯一可以做的是通过历史来演化未来。

元宇宙的出现不能改变现实世界的任何状况，甚至元宇宙也不过是不愁温饱的人们的一场游戏。虽然现在的元宇宙概念很大，大到被资本青睐，大到可以用各种技术逐步实现。但是，大家还是要清楚一件事，局限。

元宇宙的建立有其进步意义，比如，人们正在迈入一个万物互联的时代，这个时代给人们提供了很多的便捷生活，人工智能和实时可视化结合在一起，让我们有了更多的体验。但是，一旦涉及人在现实世界中的活动，元宇宙没有办法左右任何一种生存模式。

如果说元宇宙一定影响了谁的生存模式，那么，只能说是影响了沉迷于网络的那群人的生存模式，给了他们一种仿若活在现实中的错觉。

具体说，不管一个人在元宇宙有着怎样的身份，怎样的人生，想要在元宇宙活着，就需要在现实中吃喝拉撒。当生存条件不变，生存模式又会如何改变？

综上所述，不管元宇宙如何多样化，都不会改变现实世界中人们的生活模式，而妄想改变所有人的生活模式，更是无稽之谈。

108问：元宇宙的出现是否会引发现实中人们的自我质疑？

其实，元宇宙的出现会让现实中人们引起自我质疑。换句话说，元宇宙将来打造的世界是非常真实的，就会给人一种错觉。现在就有人提出一个质疑：我们所生活的世界难道就不是虚拟的吗？

相信很多人遇到过这样的事情，某时某刻你会发现自己正在经历的场景似乎曾经经历过，所以就会怀疑在我们身边有着同样的一个平行世界。很多艺术作品、影视作品也同样从平行世界下功夫，看得多了就会让人心生质疑。

就像是《黑客帝国》所演绎的，生活中的人们以为所生活的是真实的世界，但实际上并非如此，当越来越多的人看到真实的世界，才发现自己一直活在一个陌生而虚拟的环境中。同样的道理，元宇宙的出现是否会引发现实中人们的自我质疑，是有这个可能性。

要知道，元宇宙最终是要依靠穿戴设备让人们能够身临其境，举一个例子，比如在游乐场里玩 VR 过山车，就是带着 VR 设备感受过山车。当戴上 VR 之后，眼前的景色变了，当过山车开始上升下降时，通过 VR 看到的并不是室内的景象，而是在整个上海的上空，从东方明珠塔上直接下降，那种真实感让人不由得惊声尖叫。

过山车停下来之后，摘下 VR 设备，会有一种恍惚的感觉，不知道刚才的短短两三分钟到底是真实经历过，还是只是被眼睛所欺骗。

这仅仅是几分钟，如果连续数小时深度体验 VR 世界，摘下头盔时肯定会有一种恍如隔世的感觉。大概是体现在以下几方面：

第一，身体症状。

当走出 VR 世界之后，会有一种超脱现实的感觉，在接触身边物体时你会非常小心，很担心身体会突然从某个物体里面穿过去，这种感觉就是不真实感。就好像我们是一个虚拟的人到了一个现实中的世界，或者是我们是真实的人，进入了一个虚拟的世界。但是这种感觉在一两个小时之后会慢慢消失。

如果说进入元宇宙需要穿戴设备，想要在元宇宙中成长就需要将自己长时间置身于元宇宙，这样的话，穿戴设备长期使用的严重后果就是会影响你在现实世界中的一切，包括你的视觉、感受，甚至是你对距离的判断上，都可能会出现非常大的偏差。

第二，现实丧失感。

在元宇宙，我们的身份是可以按照自己的意愿打造的，这个身份与在现实生活中可以完全不一样。当摘下 VR，回到现实世界后，身体上的不适会慢慢消失，但是，在心理上的不适却不会那么容易消失。

举个例子，用VR玩一款游戏，在游戏中你是君主的身份，在虚拟的世界里你是王者，可以将游戏中的各种工具、人物等玩弄于股掌之上。然而，当你回到现实的那一刻，你依旧是一个普普通通的人，这时候，你就会有一种现实丧失感。有一些游戏玩家曾经说过，比起科幻元素的游戏，真实的游戏会给人带来更大的心理落差。也就是说，虽然在游戏中你是君王，退出游戏会有失落感，但你还能分得清现实和游戏，但是，如果你是在元宇宙中，元宇宙打造的是与现实世界平行的网络世界，你可能无法分清它与现实的差别。

太真实的游戏会让人有一种焦虑感，而这种焦虑感久了就会成为对现实世界的一种质疑。或许到最后，很多人都会问出灵魂三问：我是谁？我在哪儿？我在做什么？

所以，元宇宙给现实带来最大的弊端可能就是让人们质疑自己所生活的真实世界。